Minha
fuga da
Arábia
Saudita
para a
Liberdade

REBELDIA

Rahaf Mohammed

Minha
fuga da
Arábia
Saudita
para a
Liberdade

REBELDIA

Rahaf Mohammed

Minha
fuga da
Arábia
Saudita
para a
Liberdade

REBELDIA

Rahaf Mohammed

ALTA BOOKS
GRUPO EDITORIAL
Rio de Janeiro, 2023

Rebeldia

Copyright © 2023 da Starlin Alta Editora e Consultoria Eireli.
ISBN: 978-65-552-0994-5

Translated from original Rebel. Copyright © 2022 by Rahaf Mohammed Enterprises Inc. ISBN 978-1-4434-6277-8. This translation is Published by HarperCollins Publishers Ltd, the owner of all rights to publish and sell the same. PORTUGUESE language edition published by Starlin Alta Editora e Consultoria Eireli, Copyright © 2023 by Starlin Alta Editora e Consultoria Eireli.

Impresso no Brasil — 1ª Edição, 2023 — Edição revisada conforme o Acordo Ortográfico da Língua Portuguesa de 2009.

Todos os direitos estão reservados e protegidos por Lei. Nenhuma parte deste livro, sem autorização prévia por escrito da editora, poderá ser reproduzida ou transmitida. A violação dos Direitos Autorais é crime estabelecido na Lei nº 9.610/98 e com punição de acordo com o artigo 184 do Código Penal.

A editora não se responsabiliza pelo conteúdo da obra, formulada exclusivamente pelo(s) autor(es).

Marcas Registradas: Todos os termos mencionados e reconhecidos como Marca Registrada e/ou Comercial são de responsabilidade de seus proprietários. A editora informa não estar associada a nenhum produto e/ou fornecedor apresentado no livro.

Erratas e arquivos de apoio: No site da editora relatamos, com a devida correção, qualquer erro encontrado em nossos livros, bem como disponibilizamos arquivos de apoio se aplicáveis à obra em questão.

Acesse o site www.altabooks.com.br e procure pelo título do livro desejado para ter acesso às erratas, aos arquivos de apoio e/ou a outros conteúdos aplicáveis à obra.

Suporte Técnico: A obra é comercializada na forma em que está, sem direito a suporte técnico ou orientação pessoal/exclusiva ao leitor.

A editora não se responsabiliza pela manutenção, atualização e idioma dos sites referidos pelos autores nesta obra.

Dados Internacionais de Catalogação na Publicação (CIP) de acordo com ISBD

M697r   Mohammed, Rahaf
Rebeldia: Minha Fuga da Arábia Saudita para a Liberdade / Rahaf Mohammed ; traduzido por Ana Gabriela Dutra. - Rio de Janeiro : Alta Books, 2023.
320 p. ; 16cm x 23cm.

Tradução de: Rebel
Inclui índice.
ISBN: 978-65-552-0994-5

1. Biografia. I. Dutra, Ana Gabriela. II. Título.

2022-2678
CDD 920
CDU 929

Elaborado por Vagner Rodolfo da Silva - CRB-8/9410

Índice para catálogo sistemático:
1. Biografia 920
2. Biografia 929

Produção Editorial
Editora Alta Books

Diretor Editorial
Anderson Vieira
anderson.vieira@altabooks.com.br

Editor
José Ruggeri
j.ruggeri@altabooks.com.br

Gerência Comercial
Claudio Lima
claudio@altabooks.com.br

Gerência Marketing
Andréa Guatiello
andrea@altabooks.com.br

Coordenação Comercial
Thiago Biaggi

Coordenação de Eventos
Viviane Paiva
comercial@altabooks.com.br

Coordenação ADM/Finc.
Solange Souza

Direitos Autorais
Raquel Porto
rights@altabooks.com.br

Assistente Editorial
Mariana Portugal

Produtores Editoriais
Illysabelle Trajano
Maria de Lourdes Borges
Paulo Gomes
Thales Silva
Thiê Alves

Equipe Comercial
Adenir Gomes
Ana Carolina Marinho
Daiana Costa
Everson Rodrigo
Fillipe Amorim
Heber Garcia
Kaique Luiz
Luana dos Santos
Maira Conceição

Equipe Editorial
Beatriz de Assis
Betânia Santos
Brenda Rodrigues
Caroline David
Gabriela Paiva
Henrique Waldez
Kelry Oliveira
Marcelli Ferreira
Matheus Mello
Milena Soares

Marketing Editorial
Amanda Mucci
Guilherme Nunes
Jessica Nogueira
Livia Carvalho
Pedro Guimarães
Talissa Araújo
Thiago Brito

Atuaram na edição desta obra:

Revisão Gramatical
Thais Pol
Hellen Suzuki

Diagramação
Joyce Matos

Tradução
Ana Gabriela Dutra

Copidesque
Wendy Campos

Editora afiliada à:

ASSOCIADO

Rua Viúva Cláudio, 291 — Bairro Industrial do Jacaré
CEP: 20.970-031 — Rio de Janeiro (RJ)
Tels.: (21) 3278-8069 / 3278-8419
www.altabooks.com.br — altabooks@altabooks.com.br
Ouvidoria: ouvidoria@altabooks.com.br

Para todas as mulheres que lutam por sua liberdade

*Aviso de conteúdo: este livro descreve cenas de violência,
incluindo abuso sexual e ideação suicida.
Recomenda-se cautela ao leitor.*

Sobre as Autoras

Rahaf Mohammed tinha dezoito anos quando escapou da Arábia Saudita, atraindo a atenção mundial por meio de sua conta no Twitter. Filha de um político, ela foi criada de acordo com uma interpretação opressora do islã, na qual não existe liberdade feminina. Graças a um apelo público feito nas redes sociais, Rahaf Mohammed conseguiu sobreviver e obteve asilo no Canadá, onde ainda reside, dedicando-se à defesa da liberdade e do empoderamento de todas as mulheres.

Sally Armstrong é uma autora premiada, jornalista e ativista dos direitos humanos. Ela é autora de cinco best-sellers: *Power Shift*, *Ascent of Women*, *The Nine Lives of Charlotte Taylor*, *Veiled Threat* e *Bitter Roots, Tender Shoots*. Foi a primeira jornalista a revelar ao mundo a história das mulheres do Afeganistão, além de cobrir reportagens em zonas de conflito na Bósnia, na Somália, em Ruanda, no Iraque, no Sudão do Sul, na Jordânia e em Israel. Venceu quatro vezes o Amnesty International Canada Media Award, possui dez títulos "Doutor Honoris Causa" e é oficial da Ordem do Canadá.

Sumário

Capítulo Um: Em Fuga ... 1

Capítulo Dois: Menina ... 29

Capítulo Três: Ordens Sagradas ... 73

Capítulo Quatro: Duras Verdades ... 117

Capítulo Cinco: Códigos Secretos ... 167

Capítulo Seis: Libertação ... 219

Capítulo Sete: Vitórias e Consequências ... 269

Encerramento ... 297

Notas ... 301

CAPÍTULO UM

Em Fuga

31 DE DEZEMBRO DE 2018

Tudo o que havia entre mim e a liberdade era um trajeto de carro. Aguardei por mais de um ano, esperando o momento certo para escapar. Eu tinha dezoito anos e morria de medo de que meus planos cuidadosamente traçados saíssem pela culatra. Porém, meu coração transbordava rebeldia contra o medo constante, contra as regras cruéis e contra os costumes antiquados que reprimem e, às vezes, matam garotas como eu na Arábia Saudita. E imaginar uma vida distante de tudo isso só fazia com que esse sentimento se exacerbasse.

Eu tinha meu celular, mas meu passaporte estava com meu irmão mais velho. Pegá-lo e escondê-lo para que estivesse à disposição quando chegasse a hora de fugir era essencial. Eu estava tentando manter a calma, tentando parecer a filha obediente que faz as malas para um feriado, tentando apaziguar as ondas de ansiedade enquanto observava, do meu quarto, a família se organizar para partir e, depois, se reunir para o almoço antes de viajar para o Kuwait.

Iríamos à Cidade do Kuwait, a dez horas de carro de nossa casa em Ha'il, para visitar parentes por uma semana de férias em família. Era a minha oportunidade de executar meu plano. Sentada ali, observando meus irmãos carregarem o carro com as malas, senti uma mistura de tristeza e euforia. Eu estava dividida entre a vontade de abraçá-los — algo proibido, por ser considerado um ato sexual — e a esperança de que nada atrapalhasse minha fuga.

As paredes do quarto ao meu redor estavam vazias, sem nada que indicasse que uma jovem o habitava. Nessa sociedade rígida, não era *halal* — permitido — ter sinais de vida na parede de seu quarto. O antônimo é *haram* — proibido. Lembro-me de quando eu era criança e o ursinho de pelúcia que ficava em minha cama foi tirado de mim porque era *haram* — apenas o Profeta pode ser imaginado em uma foto ou forma. Os desenhos que fiz de pessoas e animais foram confiscados, pois tudo que tem alma é visto como antagônico ao Profeta e, portanto, *haram*. Meus livros e cadernos estavam espalhados, recordando-me de que meu primeiro semestre na Universidade de Ha'il havia acabado e eu não voltaria. Sentei-me em minha cama, contemplando minha vida como a garota saudita que amava a família, mas não conseguia suportar a devoção ao mantra "proibido para garotas"; como a filha e a irmã rebelde sendo obrigada a fugir graças a uma mistura tóxica de contradições culturais.

Na escola, aprendi que a Arábia Saudita é invejada pelo mundo; o melhor e mais rico país, com a maior reserva de petróleo; um lugar que exige que seu povo faça o *hajj*, uma peregrinação a Meca, pelo menos uma vez na vida para renovar o senso de propósito no mundo. Mesmo quando jovem, eu me perguntava por que o petróleo, os resorts e os caminhos sagrados faziam da Arábia Saudita o país em que todo mundo queria viver. E sempre me incomodou que uma pessoa pudesse fazer o *hajj* e ser perdoada por todas as suas ações em vida, mesmo se batesse na esposa ou matasse um estranho.

Meus olhos de criança se deleitaram com outros aspectos da Arábia Saudita: as montanhas perto de nossa casa que nos atraíam para fazer piqueniques e caminhar à vontade; os vastos desertos em constante mudança que nunca deixavam de capturar minha imaginação com suas dunas de areia ondulantes, que, conforme o sol nascia e se punha, mudavam de cor — de bege-marfim para vermelho-fogo. Quando minha família ia até o deserto à noite, geralmente para fugir do calor sufocante do verão, brincávamos de esconde-esconde no escuro, nos esforçando para andar na areia fofa, perseguindo coelhos, jerboas (roedores do deserto) e uns aos outros, sem nenhuma preocupação. Apostávamos corridas e, claro, o vencedor ganhava um prêmio. Cantávamos canções, recitávamos poemas e dançávamos a dança tradicional chamada Ardah, que é para homens, mas acompanhávamos nossos irmãos por diversão. E nossos pais sempre contavam histórias diferentes das que ouvíamos na escola. Algumas eram sobre a família Al Rasheed, que governava a região antes de a família Saud assassiná-la e assumir o poder; outras eram sobre a história de nosso povo e a capacidade dos beduínos nômades de subsistir no deserto com poucos alimentos e viver com simplicidade. Porém, as histórias de que mais gostávamos eram aquelas que nossos pais costumavam nos contar sobre o amor, sobre quando eram jovens. Compartilhar velhas histórias é como o elo que mantém uma família unida; nunca nos cansávamos de ouvir sobre o passado. Agora sei que estávamos criando memórias preciosas.

Entretanto, desde a infância, eu estava ciente das muitas contradições em minha terra natal. Enquanto a paisagem é principalmente composta de tons de bege e branco, com manchas verdes próximas a um oásis e montanhas com afloramentos rochosos e árvores, as cores suaves da Arábia Saudita são fortemente contrastadas pela visão de algo que lembra sacos pretos de cadáver se movendo pelo caminho. Mulheres e meninas com mais de doze anos estão cobertas, para evitar que os homens contemplem suas formas corporais. Na verdade, na minha família, aos nove anos de idade, eu tinha que usar uma *abaya* — peça de roupa preta larga e colocada sobre os ombros para cobrir o corpo — e, na tenra idade de doze anos, um *niqab*, que é como uma máscara que expõe apenas os olhos. Eu era uma menina quando comecei a me perguntar se isso era uma forma de punição. Se um homem não consegue se controlar, por que uma mulher deve se esconder sob mantos como se fosse sua culpa? E, se as mulheres precisam estar cobertas, por que os homens que não vestem jeans e roupas ocidentais usam túnicas brancas, que repelem o calor escaldante, enquanto as mulheres devem usar preto, que o absorve?

Mais da metade da população de 33,4 milhões tem menos de 25 anos, o que considero um bom presságio de mudança. Mas, embora os governantes do Reino — que afirmam agir em nome de Deus — tenham declarado algumas mudanças nas rígidas regras islâmicas sob as quais os sauditas vivem e clamam por tolerância e moderação, eles ainda crucificam, decapitam e torturam qualquer um que discorde do governo. A mutaween — também conhecida como polícia religiosa — patrulha as ruas, até mesmo as universidades, supostamente garantindo que os cidadãos "desfrutem do bem e coíbam o mal", o que significa que as lojas fecham cinco vezes por dia durante as orações, os códigos de vestimenta para mulheres são rigorosamente cumpridos e a separação entre homens e mulheres é fanaticamente respeitada, assim como a proibição do álcool. Na verdade, muitas pessoas, de fato, não oram; as garotas encontram seus namorados em lugares secretos e muitos consomem álcool às escondidas. Uma vez que 90% da força de trabalho é composta de estrangeiros — os sauditas não desempenham funções consideradas de "baixo escalão" —, se você sai furtivamente para se encontrar com seus amigos, o indiano ou o afegão que trabalha no café não o denunciará, nem sequer entenderá seu idioma. A maioria dos sauditas empregados trabalha para o governo — os homens cochilam à tarde e costumam se reunir por volta das 17h para socializar até bem depois da meia-noite.

Minha família é composta de muçulmanos sunitas da tribo Al-Shammari, que governava a região de Ha'il até que a tribo Saud assumiu o controle. Ha'il é a capital dessa região noroeste. É a parte mais conservadora da Arábia Saudita e seu povo é conhecido por sua generosidade, motivo pelo qual nossa casa costuma estar aberta a outras pessoas que aparecem para tomar um café ou desfrutar de uma refeição. Minha família faz parte da elite: moramos em Salah Aldin, a parte rica da cidade, onde não há lojas, apenas residências. Nossa casa é grande, com nove quartos, duas cozinhas (uma no primeiro andar para preparar refeições, outra no segundo andar para petiscar), dez banheiros, seis salas de estar e um pequeno jardim. Temos uma cozinheira, um motorista e uma governanta, além de seis carros da família; o que está esperando na garagem para nos levar ao Kuwait é uma Mercedes preta. Minha família também tem privilégios e muitas vantagens, como a possibilidade de tirar férias em outros Estados árabes — Jordânia, Catar, Bahrein, Emirados Árabes Unidos e Turquia.

Porém, quando penso nos aspectos que poderiam alimentar minha alma, há muitos deles ausentes. Considere o seguinte: não há sacadas em nossa casa — uma mulher de respeito jamais se sentaria do lado de fora, onde alguém pudesse vê-la. E nossas janelas ficam fechadas para que um homem não veja as mulheres lá dentro. Uma mulher — ou seja, qualquer garota com mais de nove anos — não pode sair para visitar os vizinhos, ir ao bazar, nem que seja para comprar lingerie e maquiagem, nem passear sem marido, irmão ou filho para monitorá-la. Somos proibidas de ir ao cinema, mas assistimos a filmes norte-americanos em nossos computadores. A conversão de muçulmanos a outra religião é ilegal. Os ateus são designados como terroristas; as feministas também. A homossexualidade é punível com morte. O casamento entre primos é a norma; na verdade, tantos sauditas se casaram com suas primas que conselheiros genéticos estão tentando convencer as pessoas a parar, já que há aumentos consideráveis de diferentes doenças genéticas graves. Ter várias esposas também é comum, e um homem pode se divorciar simplesmente ao repetir "Eu me divorcio de você" três vezes — conhecido como "triplo talaq".

Esses são os ingredientes de um país tribal que faz as próprias leis e desafia o mundo exterior. É um país de tanta hipocrisia que, embora a religião governe tudo — a educação, o sistema judicial, o governo —, 95% dos edifícios históricos de Meca, a maioria deles com mais de mil anos, foram demolidos devido ao medo fanático de que desviassem a atenção do Profeta. Mesmo aqueles relacionados à família de Muhammad foram destruídos. E, embora a maioria das mulheres se vista com os tais sacos pretos de cadáver, as âncoras do noticiário da emissora de TV da família real usam roupas ocidentais. É tudo fachada. Enganação é o nome do jogo na Arábia Saudita.

No meu país, os homens são tudo. São os tomadores de decisão, os detentores do poder, os guardiões das chaves religiosas e culturais. As mulheres, por sua vez, são rejeitadas, intimidadas e servem como objetos da distorcida obsessão masculina pela pureza. É um castelo de cartas complexo e tortuoso que corre o risco de desmoronar perante a verdade.

REBELDIA

Meu pai, Mohammed Mutlaq al Qunun, é um dos líderes sauditas por ser governador de Al Sulaimi, uma cidade a cerca de 180km de Ha'il. Em seu trabalho, ele interage com a família real. Não mora conosco. Quando eu tinha quatorze anos, casou-se com uma segunda esposa, o que é legal na Arábia Saudita, e, quando eu tinha dezessete, juntou-se à terceira. Isso mudou tudo para mim, minha mãe e meus seis irmãos. Meu pai parou de viajar conosco nos feriados e minha mãe, Lulu, ficou tão deprimida, magoada e se sentindo totalmente rejeitada que até sua personalidade se alterou. Em sua opinião, meu pai se casara com outras esposas porque, à medida que ela envelhecia, ele queria mulheres mais jovens. Minha mãe tinha razão.

Por esse motivo, seríamos apenas eu, meus irmãos e minha mãe nesse feriado. Eu sou a quinta filha de sete. Uma irmã mais velha, Lamia, é casada, e a segunda mais velha, Reem, não pôde nos acompanhar dessa vez. Então, éramos seis no carro — Majed sentou-se na frente, ao lado do meu irmão mais velho, Mutlaq, que estava dirigindo; mamãe e eu nos esprememos no banco de trás com meu irmão mais novo, Fahad, e minha irmã mais nova, Joud. Tive de me sentar no meio porque, embora estivesse usando a *abaya* e também o *niqab*, não podia ser vista pelas janelas do carro. Acabei tendo uma visão privilegiada de onde meu irmão guardara os passaportes, o que facilitaria minha tentativa ousada de pegar o meu quando ele estivesse distraído.

Assim que descemos até a garagem e entramos no carro, meu pai apareceu para se despedir e distribuir o dinheiro do feriado. Eu já estava acomodada em meu lugar. Seu grande sorriso é caloroso, tão envolvente que facilmente encanta as pessoas. O *niqab* cobrindo meu rosto acabou sendo vantajoso, pois, embora eu retribuísse o sorriso, ele teria percebido minha tristeza quando o olhei pela última vez. Meus sentimentos paternos são confusos. Meu pai me tratou muito mal e fez coisas terríveis com minha irmã e minha mãe, mas, de alguma forma, ainda o amo. Senti que estava sendo impelida a fugir pelo que ele e até minha mãe — e certamente meus irmãos — esperavam de mim. Exigiam sacrifícios que eu simplesmente não podia fazer. Quando cortei o cabelo, trancaram-me em um quarto até encontrarem uma desculpa para o meu visual. Por fim, fizeram-me usar um turbante para esconder o novo cabelo, contando a todos que um acidente com fogo me obrigara a cortá-lo. Sair de casa sem o *niqab* cobrindo o rosto é uma ofensa que exige punição severa, e foi o que recebi — socos, chutes e tapas. Eu sabia que, se descobrissem que tive experiências sexuais com um homem, me matariam por uma questão de honra. Ou, pelo menos, me forçariam a casar com um desconhecido. Eu precisava ir embora, do contrário, não poderia viver minha própria vida e teria que pagar com a morte por qualquer erro que cometesse. Para mim, essa viagem era o primeiro dia de uma nova vida, esperada desde que implorei pelo direito de frequentar uma universidade em outra cidade — um pedido categoricamente recusado. Essa era a minha chance de evitar a mesma vida aprisionada de minha mãe e irmãs mais velhas.

Quando o carro se afastou do único lar que conheci, não olhei para trás. Porém, quando saímos do bairro e fomos em direção à rodovia, não pude deixar de ver as montanhas Aja e Salma a distância, símbolos de felicidade e tragédia que ainda me acompanham. Ha'il é cercada por montanhas, mas essas duas, na parte norte da cidade, estão entre as maiores e mais famosas da região. São bem conhecidas por todos ali como o local de uma história de amor. Aja, da tribo dos amalequitas, se apaixonou por Salma, que pertencia a outra tribo. Eles declararam seu amor um ao outro, mas os pais proibiram que se casassem. Infelizmente, os amantes desafortunados fugiram juntos apenas para serem capturados e mortos por suas famílias. Aja foi crucificado em uma montanha e Salma na outra. Quando criança, eu sabia que a história contada era tanto de advertência quanto de amor.

A reflexão sobre aqueles dias nas montanhas não durou muito, pois quase imediatamente fui consumida pela necessidade de descobrir como pegar meu passaporte. Observei meu irmão Mutlaq enquanto ele entrava no carro. Eu sabia que estava com todos os passaportes — nessa viagem, seu papel como homem mais velho era resguardar os documentos importantes. Ele costumava deixá-los no bolso devido ao medo de que fossem roubados; mas, dessa vez, todos relaxaram, pois estávamos juntos no carro para visitar a família no Kuwait. Desde o momento em que se sentou no banco do motorista, não tirei os olhos dele. Então eu o vi colocar os documentos no porta-luvas. Além do passaporte, eu estava preocupada que, de alguma forma, pudesse perder meu celular, que alguém pedisse para usá-lo e depois não me devolvesse. Cada passo do meu plano estava anotado com um codinome no aparelho, incluindo como reservar um voo; entrar em determinados sites; ir do Kuwait à Tailândia; o que fazer e onde ficar na Tailândia; e como reservar um voo de lá para a Austrália, o destino planejado, onde pretendia pedir asilo. No celular também havia os contatos de meus amigos fugitivos. Nós nos comunicávamos há mais de um ano e eles estavam em várias partes do mundo — Alemanha, França, Reino Unido, Canadá, Suécia e Austrália. Recebi e acatei muitos de seus conselhos sobre como evitar armadilhas; por exemplo, garotas sauditas que chegam

REBELDIA

à Austrália e são instadas a ligar para os pais por autoridades que não querem imigrantes no país. Por conta disso, peguei o nome e o telefone de um amigo no Reino Unido caso precisasse fazer essa ligação. Todos os tipos de dicas para vários problemas em potencial estavam armazenados no meu celular. Eu também guardei dinheiro, cerca de 10 mil riais sauditas (US$2.700), na conta bancária de um amigo. Economizei por cerca de sete meses e tinha a senha da conta. Meu plano era ir para o Kuwait com a família e, assim que pegasse meu passaporte, fugir, chegar ao aeroporto, comprar passagem para a Tailândia e fazer conexão até a Austrália. Eu tinha amigos lá que me encontrariam no desembarque.

À meia-noite cruzamos a fronteira com o Kuwait. A temperatura havia caído para cerca de 7°C ou 8°C quando chegamos ao hotel. Eu estava tremendo, mas sabia muito bem que era mais de medo do que de frio. Eram 2h quando entramos em nossa suíte. Eu ainda não estava com meu passaporte, pois não tive oportunidade de pegá-lo. Analisei a suíte do hotel — dois quartos (um para meus irmãos, outro para minha irmã, minha mãe e eu), um banheiro e uma sala de estar adjacente. Sabia que era o lugar de onde eu iria embora, mas estar com minha mãe no mesmo quarto traria problemas, pois ela tem o sono leve e acordaria se eu fizesse barulho durante a noite. Então, sugeri que ela dormisse na sala de estar. Dei a desculpa de que o quarto era pequeno e tinha apenas uma cama grande para nós três; ela concordou que seria melhor.

O feriado foi angustiante. Tive que fingir uma participação nas compras, nas refeições e nas visitas quando, na verdade, observava e esperava a melhor chance de escapar. Passamos vários dias em lojas de roupas do shopping, onde comprei uma saia curta sem que ninguém soubesse e enfiei na bolsa. Em casa, era proibido usar roupas que mostrassem minhas pernas, mas eu planejava usá-las em breve na Austrália. E ter essa peça na minha bolsa era como um incentivo para a minha fuga iminente. Também fomos à praia, uma experiência nova para mim, uma experiência que reforçou meus sentimentos sobre os sacrifícios que uma mulher tem que fazer na Arábia Saudita. Minha mãe me disse que as mulheres de maiô que estavam entrando na água eram vadias — garotas más. Eu sabia que não era verdade. Como poderia ser permitido que os meninos — meus irmãos — brincassem no mar, nadassem, jogassem água um no outro, se refrescassem, se divertissem, e, de alguma forma, fosse pecaminoso que eu fizesse o mesmo? Eu estava presa na praia, enrolada da cabeça aos pés em minha *abaya*, suando e jurando que, assim que chegasse à Austrália, compraria um biquíni e nadaria o quanto quisesse. Na verdade, não sei nadar — de onde venho, as meninas não aprendem a fazer nada parecido.

REBELDIA

Estar naquela praia foi um tipo diferente de experiência reveladora. Eu nunca tinha visto o mar, a maré, com sua correnteza e ondas quebrando. Fiquei hipnotizada — a maré alta, a cor azul do mar longínquo e a espuma branca das ondas à medida que se aproximavam da costa. Durante o dia todo, as ondas alcançavam a praia e retornavam ao mar. Havia algo duradouro, quase espiritual, nesse movimento, como se fosse um ritual à beira-mar. Para mim, era um contraste extremamente poderoso estar envolta em uma suposta proteção e espreitar, por trás de um disfarce, todo esse esplendor natural.

Tínhamos apenas um dia de férias restante quando finalmente identifiquei a oportunidade de pegar meu passaporte. Era 4 de janeiro, 14h; eu, minha mãe e minha irmã mais nova estávamos no banco de trás do carro, esperando meu irmão reservar uma mesa para nós no restaurante. Os outros dois meninos o acompanharam. Era minha chance. O banco da frente estava vazio. Direcionei-me ao porta-luvas e imediatamente minha mãe inquiriu: "O que você quer?" O encosto do assento impedia sua visão. Eu ainda estava no meio do processo, mas, dessa vez, cedi às repressivas regras e respondi calmamente: "Estou tentando carregar meu celular." Abri o porta-luvas, peguei meu passaporte com a mão direita e enfiei na manga esquerda da minha *abaya*. Então, retraí a mão direita bem devagar, levantando o braço esquerdo para que o passaporte não caísse. Assim que me certifiquei de que o documento estava escondido, recolhi o braço esquerdo para dentro da manga até conseguir pegá-lo e colocá-lo na pequena bolsa sob a *abaya*. Como era uma vestimenta esvoaçante, ninguém via o que eu estava fazendo: minha odiada cobertura tornou-se meu disfarce. Mas o ato — basicamente furtar algo que foi confiado a meu irmão — teve um grande efeito sobre mim. Meu coração disparou, mas também me senti paralisada; por alguns instantes, todas as partes do meu corpo ficaram inertes. Eu mal podia acreditar no que acabara de realizar. Por fim, recostei-me no assento e enviei uma mensagem ao meu amigo para contar a novidade: "Consegui. Consegui." No entanto, quase de imediato, a sensação de triunfo deu lugar ao medo absoluto de que alguém abrisse o porta-luvas e percebesse que um dos passaportes havia sumido.

Quando entramos no restaurante, eu estava rígida de tanta ansiedade, praticamente como um cadáver, incapaz de falar ou rir. A espera era agonizante. Como estávamos em uma sala de jantar particular, podíamos tirar a *abaya* e o *niqab*. Meu rosto ficou visível, então tentei parecer relaxada. Nós pedimos um dos pratos favoritos da família: *machboos*, pedaços de frango com especiarias, arroz basmati e chá, e me acalmei um pouco. Mas então, enquanto comíamos, tive um sangramento nasal. Eu sabia que a causa era estresse excessivo, mas não queria dizer nada do tipo. Portanto, quando eles perguntaram como estava me sentindo, respondi: "Não sei, acho que estou cansada", e esperei com todas as forças que o incidente não despertasse suspeitas. Meu nariz estava sangrando muito e, para piorar a situação, eu estava tensa e suando. Limpei o nariz e disse à família que iria ao banheiro, na esperança de conseguir um instante para me acalmar. Ao chegar lá, o sangramento piorou e comecei a vomitar. Após um tempo, quando senti que tinha controlado o sangramento e meus próprios nervos, voltei à mesa e tentei agir normalmente; expliquei que era apenas tontura e me forcei a participar da conversa. Quando saímos do restaurante e entramos no carro, tentei puxar assunto para que ficassem entretidos e não pensassem em abrir o porta-luvas; continuei falando com meu irmão para desviar sua atenção até chegarmos ao hotel, onde tomamos banho e nos arrumamos para jantar com a irmã de meu pai.

Enquanto íamos para a casa de minha tia, a cerca de uma hora da Cidade do Kuwait, sugeri a todos que evitassem cafeína e que não ficássemos até tarde, pois teríamos uma longa viagem de volta para casa na manhã seguinte. Era a nossa última noite fora e eu não queria que tivessem insônia; precisava que dormissem cedo e profundamente para que eu pudesse escapar.

Havia muita gente no jantar — primos e amigos da minha tia. Olhei ao redor e decidi que, com todas essas pessoas — mais de vinte — amontoadas na casa, conversando e transitando, e com minha mãe e meus irmãos pensando que eu estava me divertindo com as meninas na outra sala, era a minha chance de fugir. Pesquisei no Google o número de um táxi e mandei uma mensagem para ele ir até lá e me levar ao aeroporto em duas horas. O motorista respondeu que não conseguiria, pois eu estava em um lugar isolado e os táxis não atendiam àquela área. Fiquei desapontada, mas não muito preocupada. Embora não ficasse no centro, o nosso hotel estava localizado no perímetro urbano. Notei que a Cidade do Kuwait era grande e barulhenta, exatamente o tipo de lugar onde uma jovem poderia desaparecer, então mandei outra mensagem ao motorista, pedindo que me buscasse no hotel às 7h para me levar ao aeroporto. Já eram 23h. Ainda que costumássemos ficar até tarde nas festas, tentei convencer a família de que devíamos voltar para o hotel e dormir. Por fim nos despedimos.

De volta ao hotel, eu esperava que todo mundo dormisse imediatamente, mas minha mãe e meus irmãos ficaram conversando na sala de estar. Não ousei me juntar a eles e fiquei torcendo para que deitassem logo. Chamei minha irmã mais nova para brincar e conversar comigo, e ela não demorou para adormecer. Como a porta estava entreaberta, eu podia observar o que acontecia na sala de estar. O restante da minha família continuou conversando por mais três horas. Fiquei desesperada de tanta preocupação. Essa era a minha última chance. Então, um a um, eles se retiraram — primeiro um irmão, depois o outro e, por fim, o mais novo. Minha mãe finalmente apagou a luz. Minha irmã e eu estávamos sozinhas no quarto. Ela estava dormindo profundamente, e logo minha mãe também caiu no sono. Às 4h, reservei uma passagem para a Tailândia na Kuwait Airways. Eu sabia que, assim que descobrissem minha fuga, meus pais rastreariam minha viagem e monitorariam minha conta bancária com um aplicativo que os sauditas usam para rastrear suas mulheres. O aplicativo, fornecido pelo Ministério do Interior da Arábia Saudita e disponível no Google Play e na App Store, alerta o homem se uma mulher usa seu telefone, passaporte ou cartão de crédito. Para que não pudessem me encontrar, eu precisava me livrar do cartão SIM do meu celular e trocar de companhia aérea assim que chegasse a Bangkok, onde reservei um hotel para três dias.

O avião partiria do Kuwait às 9h. O táxi deveria chegar às 7h. Peguei a mala da minha irmã, pois era menor e mais fácil de carregar. Enfiei meus produtos de higiene pessoal, a saia curta, meu rímel e minha lingerie. Na minha mochila, coloquei uma muda de roupa, meus documentos, dinheiro e cartão de estudante, assim como meu passaporte, alguns trocados e extratos bancários. O quarto estava silencioso, com pouca iluminação; ainda estava escuro lá fora. Quando terminei de arrumar as malas, sentei na cama e observei minha irmã adormecida. Eu queria abraçá-la e me despedir, mas é claro que ela acordaria. Em vez disso, fitei aquela garotinha querida, memorizando cada um de seus traços antes de sair — seus longos e lindos cílios, a pequena mancha em seu nariz, sua pele macia, seus lábios e suas mãos. Enquanto ouvia minha irmã ressonando, tentei gravar uma imagem mental de como ela dormia encolhida igual a um bebê, com as mãozinhas sob o rosto.

Joud tinha apenas doze anos. Era tão pequena, tão inocente; eu temia o que eles fariam com ela — as mesmas coisas horríveis que fizeram comigo. Eu queria me lembrar daquele rosto delicado, pois sabia que não o veria novamente por muito tempo. Enquanto a fitava, me perguntei se ela me odiaria por ter ido embora. E se ficaria magoada por tê-la deixado. Comecei a chorar e a hesitar: devo partir e começar uma nova vida ou devo ficar com minha irmã mais nova? Tomar essa decisão final foi terrivelmente difícil. Mas eu precisava fugir, dar uma chance ao que o amanhã traria. Terminei de arrumar a mala, fechei a bolsa rapidamente e deixei o resto dos meus pertences para trás. Era a hora de ir. Tirei o cartão SIM do meu celular e joguei na privada. Então coloquei minha mochila no ombro, levantei a bagagem de mão até o peito para que não fizesse barulho no chão e, com muito cuidado e silenciosamente, saí do quarto na ponta dos pés e passei por minha mãe, dormindo no sofá da sala de estar. Eu tremia de ansiedade, mas, ao olhar para ela e ouvi-la ressonando, tive certeza de que estava dormindo e me senti mais segura. Com extrema cautela, girei a maçaneta e abri a porta para o corredor. O leve rangido desencadeou meu receio, então decidi deixá-la entreaberta para que o possível barulho de fechá-la não acordasse minha mãe. Saí descalça, com a mala e os sapatos nas mãos, e corri para o elevador. Eu podia ouvir vozes no corredor e temia que o som alcançasse a suíte e despertasse minha mãe.

Por fim, entrei no elevador — mais um passo em direção à liberdade. Coloquei meus sapatos e, quando cheguei ao térreo, saí e me dei conta de que não sabia onde o táxi estaria. Eu não conseguiria ligar para ele, pois, com sorte, o cartão SIM do meu celular estava encharcado e danificado em alguma tubulação de esgoto. Eu deveria ter esperado para descartá-lo até chegar ao aeroporto, porque agora não tinha uma linha ativa para contatar o táxi e me certificar de que estava vindo. Tentei agir como se soubesse exatamente para onde estava indo, com o intuito de evitar que os funcionários do hotel me questionassem. Ali estava uma jovem perambulando às 6h45 sem *abaya*. O que pensariam? Poderiam me impedir? Continuei caminhando em direção à porta dos fundos do hotel, pois parecia haver menos pessoas lá. E então, com toda a confiança de quem fazia isso todos os dias, abri a porta e saí.

Parei no meio do caminho, absolutamente imóvel, enquanto sentia a brisa suave acariciar a minha nuca — uma pequena amostra de liberdade, uma liberdade que eu não tinha desde os nove anos, quando ouvi pela primeira vez que deveria usar um hijab. Aos doze anos, perdi a liberdade de sentir o ar fresco no rosto, pois era obrigada a vestir um *niqab*. Desfrutei da sensação da brisa no pescoço e tive vontade de gritar, rir; o vento roçando meu rosto e minha nuca era maravilhoso, como se o mundo estivesse me dando um abraço espontâneo. Naquele momento, senti que poderia voar e pensei: *Este é apenas o começo da liberdade — o melhor ainda está por vir.* Andei pela rua atrás do hotel para evitar a entrada da frente, onde havia lojas e pessoas. Continuei até chegar à rua principal. Então, procurei uma cafeteria com Wi-Fi para me localizar e contatar o táxi, mas não havia nenhuma. Felizmente, encontrei um jovem e perguntei se poderia usar seu celular para falar com o taxista; ele me emprestou, se ofereceu para carregar minha mala e esperou comigo. Perguntou para onde eu estava indo. Falei que iria para a Tailândia. O jovem questionou: "De onde você é?" Respondi: "Arábia Saudita." Ele indagou por que eu não usava *abaya* e *niqab*. Inventei: "Meus pais têm a mente muito aberta."

O táxi finalmente chegou. Pedi ao motorista que me levasse ao aeroporto e, em seguida, me conectei à internet pelo hotspot de seu celular. Por meio de aplicativos de mensagens, conversei com meus amigos; até telefonei para eles. Não me sentia nem um pouco assustada. Um de meus amigos fugitivos, que mora em Sydney, Austrália, me disse o que fazer quando chegasse ao aeroporto. Fiz uma videochamada e fiquei repetindo: "Consegui, consegui." Tirei uma foto minha dentro do táxi e enviei para meus amigos. Os motoristas no Kuwait, assim como na Arábia Saudita, são principalmente da Índia ou do Afeganistão, então falam urdu ou dari. Como eu sabia que o motorista não entendia árabe, fiquei à vontade para conversar com minhas amigas. Eu me sentia vitoriosa.

Ao chegar ao aeroporto, fui até o balcão de informações e perguntei sobre o meu voo. O atendente me disse que eu estava no terminal errado, aquele era de voos domésticos e o meu avião sairia do internacional. Essa notícia me surpreendeu e me fez perceber que eu não tinha planejado exatamente tudo com antecedência. Pedi para falar com o supervisor e expliquei que não sabia como chegar ao outro terminal. Ele percebeu minha preocupação e foi muito prestativo. Esclareceu que havia um traslado gratuito para o terminal internacional, me indicando o caminho e dizendo que eu ainda tinha tempo. Peguei o ônibus e tentei me convencer de que, em alguns minutos, tudo daria certo.

Ao chegar, fiquei na fila para fazer o check-in, mas, quando entreguei meu passaporte e minha mala ao atendente no balcão, ele pareceu demorar mais do que o normal — foi mais rápido com as pessoas à minha frente. Meu coração disparou. Fiquei assustada e perguntei se havia algum problema. Ele disse: "Você não pode embarcar." Eu mal conseguia acreditar no que estava ouvindo. Meu mundo desabou. Achei que havia um alerta sobre mim e que minha vida estava arruinada. Inferi que ele tinha avisado as autoridades e que elas chamaram meu pai para vir me buscar. Era o meu fim. Tentei me controlar e perguntei com convicção: "Por que não posso ir?" Ele respondeu: "Você não pode ir para Bangkok porque não tem passagem de volta." Tentei convencê-lo a ignorar esse detalhe, pois eu iria para Sydney depois de Bangkok, mas não teve jeito. Ele me disse que eu precisava ir a outro balcão e comprar uma passagem de volta para o Kuwait, pois era exigido que os cidadãos sauditas retornassem de Bangkok após quinze dias, a menos que já tivessem um visto. Corri até lá e solicitei uma passagem; o agente me informou a tarifa e os horários de saída. Eu estava tão nervosa que não conseguia converter as moedas — riais sauditas em dinares kuwaitianos. Ele pareceu sentir pena de mim ao perceber que o tempo estava passando e meu embarque se aproximava. "Tudo bem", afirmou, "vou reservar para você. Pague quando chegar lá". Ele me deu uma cópia da passagem, me disse para pagá-la e retirá-la em Bangkok e explicou que eu só precisava mostrar a reserva para conseguir o visto.

Ao sair do balcão, reconheci minha grande sorte até aquele momento. Todos foram simpáticos e se mostraram dispostos a me ajudar; ninguém suspeitou que eu era uma fugitiva, escapando da minha própria vida. Meu maior medo era ser barrada, impedida ou questionada: "Onde está o seu responsável? Aonde você está indo?" Eu sabia que isso tinha acontecido com algumas mulheres sauditas nos aeroportos de Dubai, do Egito e da Jordânia. Mas ninguém me parou. A melhor parte foi ouvir o alto-falante chamar os passageiros para embarcarem no voo. Foi quando eu soube que tinha conseguido; escapei antes de a família se dar conta da minha partida. Mesmo se eles estivessem no aeroporto, não poderiam mais me alcançar.

Já dentro do avião, sentei-me entre duas tailandesas e, embora a viagem durasse seis horas, me mantive atenta, observando os comissários de bordo, olhando pela janela e contemplando a cidade ficar cada vez menor. Eu estava acordada há um dia e não tinha descansado durante as férias em família, mas não queria dormir naquele momento. Eu estava muito eufórica. Queria saborear o momento de liberdade; admirar o céu e o sol da manhã; examinar os passageiros ao meu redor e verificar o mapa na tela à frente, que mostrava todo o percurso. O avião estava lotado, principalmente com tailandeses e alguns kuwaitianos. Havia jovens do Kuwait nos três assentos do outro lado do corredor, que me perguntaram por que eu estava indo para Bangkok. Respondi com convicção: "Para me divertir." Um deles me passou seu telefone e disse: "Ligue para nós. Vamos nos divertir juntos."

Eu sabia que estaria calor em Bangkok, então, ao nos aproximarmos de nosso destino, fui ao banheiro e vesti uma regata e calça jeans. Era a primeira vez que expunha meus braços, mas mantive o peito coberto. O protocolo de vestimenta estava tão profundamente enraizado em mim que, embora eu tivesse fugido, continuei me certificando de que a blusa estava alta o suficiente para tampar meu peito.

Quando o avião pousou em Bangkok, eu estava transbordando euforia e ansiedade para desembarcar. Segui os passageiros para dentro do aeroporto, sem saber ao certo o que fazer. Eu só sabia que precisava conseguir o visto. Ao identificar o balcão, caminhei em direção a ele, pensando em quão bem eu estava lidando com a situação. Então vi um homem segurando uma placa com meu nome. Meu cérebro me alertou: Cuidado, cuidado, cuidado, mas ele parecia muito amigável e disse: "Estou aqui para emitir seu visto e ajudá-la a entrar em Bangkok." Achei estranho, mas tinha certeza de que, após o voo, estava a salvo de qualquer pessoa que pudesse me impedir. Apesar do alerta enviado por meu cérebro, confiei nesse homem que supostamente me ajudaria a conseguir um visto. Inferi que o aeroporto tinha enviado uma equipe para auxiliar os turistas. Ele me pediu todos os documentos oficiais necessários para emitir o visto: a passagem de volta, o meu passaporte e a reserva do hotel. Entreguei tudo para ele, que disse: "Me acompanhe." Fomos até um guichê e o homem conversou com uma moça por mais de dez minutos. O alerta ressurgiu em minha mente. A mulher parecia desconcertada — como se ele estivesse exigindo algo que ela não queria fazer. Eu precisava muito saber o que estava acontecendo e, com o tom mais sério possível, pedi que falassem em inglês e me explicassem a situação. Eles me ignoraram e ficaram quietos. Poucos minutos depois, fui informada de que não poderia entrar em Bangkok, pois meu visto fora negado. Quando enfatizei que preenchia todos os requisitos, a moça desviou o olhar. Percebi que os dois tinham feito algum tipo de acordo.

Naquele momento, eu soube que havia caído em uma armadilha.

Capítulo Dois

Menina

Tenho uma lembrança duradoura da infância, um daqueles pensamentos suspensos e oníricos que voltam à mente enquanto visualizo uma nova vida. Ela me ampara e me faz acreditar que a compaixão e a inocência integram a minha formação. Refiro-me aos anos antes de eu ter idade suficiente para ir à escola. Como uma pintura de cores sutis e foco suave, a memória que desponta é uma sala cheia de crianças brincando, rindo, cantando e galhofando. O som retorna para mim como um eco — uma melodia distante que me faz suspirar quando ressoa em minha mente. Estamos juntos: eu, minhas duas irmãs mais velhas, Lamia e Reem, e meus irmãos Mutlaq e Majed — cinco de nós —, acompanhados de Sarah, nossa babá. É um flashback que guardo com ternura, pois conta a história dos primeiros seis anos da minha vida.

Nós nos reuníamos na sala de televisão do primeiro andar de nossa casa. Não era um espaço enorme para seis pessoas — talvez nove metros quadrados. Só havia uma TV e algumas almofadas no chão, mas foi onde passei a maior parte da minha infância, pensando que era a criança mais sortuda do mundo. Minha irmã Joud ainda não havia nascido. E meu irmão mais novo, Fahad, estava doente e tinha que ficar no quarto de nossa mãe. Na época, eu não sabia o que havia de errado com ele, apenas que tinha dificuldade para respirar; meu irmão não conseguia correr, nem mesmo andar rápido, e estava sempre sem fôlego. Durante aqueles primeiros anos, nossa mãe nunca saía de perto dele. Mais tarde, eu soube que era asma, mas, quando era muito pequena, só sabia que Fahad estava doente.

Sarah, nossa babá, era da Indonésia. Sempre tivemos babás, embora a maioria só tenha ficado dois anos; todas tinham os próprios filhos na Indonésia e foram para a Arábia Saudita a fim de trabalhar e ganhar dinheiro suficiente para cuidar deles. Mas algumas, como Sarah, permaneceram um pouco mais. Acho que ela ficou conosco por quatro ou cinco anos — certamente durante minha primeira infância. Alta, robusta e divertida, Sarah era como uma mãe para nós. Eu a adorava. Ela fazia caretas: fechava um olho, mostrava a língua e emitia sons engraçados. Fingia que era um gato, miando para

REBELDIA

nós, ou um cachorro, latindo como um filhote barulhento. Ela nos fazia cócegas e nos perseguia pela sala.

Eu era uma garota curiosa e ativa. Sarah me encorajava a buscar respostas para minhas perguntas e a me defender, já que eu era a caçula naquela sala de TV. Ela também me envolvia em seus grandes braços se eu caísse, ralasse o joelho ou brigasse com um de meus irmãos. Quando a família dava festas — e eram muitas, pois é assim que as famílias sauditas socializam —, ficávamos com nossos primos e tias, mas, de alguma forma, Sarah estava sempre lá cuidando de nós, como se fosse uma sombra. Ela guardava chocolates no bolso e, tal qual as babás mágicas que víamos na TV, costumava nos dar um pedaço para nos distrair de qualquer calamidade que estivéssemos prestes a encarar.

Até meus sete anos, aquela sala de TV era o centro do meu mundo. Levávamos tudo para lá — cobertores, travesseiros, lençóis. Construímos fortes e sentamos dentro deles fingindo ser príncipes e princesas ou apenas agindo como as crianças que éramos durante aqueles dias felizes. Às vezes, à noite, apagávamos todas as luzes da sala e nos escondíamos; um de nós tinha que encontrar os outros. Mesmo enquanto descrevo esta história, me pego prendendo a respiração, lembrando o quão quieta eu precisava ficar, encolhida em um canto, tão estática quanto o ar, e como espreitávamos um ao outro como filhotes de leopardo até que o grito estridente de descoberta irrompia quando um de nós era encontrado. Naquela sala, assistíamos à TV — desenhos animados, filmes e séries da Índia. Então fingíamos que éramos os atores e fazíamos nosso próprio show. Eu adorava atuar; na verdade, acredito que esses momentos originaram meu desejo de ser atriz quando crescesse.

Às vezes, dormíamos no chão daquela sala de TV — todos nós, incluindo Sarah. Ela nos acalmava, fazia cosquinhas em nossas costas e conversava conosco até que adormecêssemos, adentrando o mundo dos sonhos. Apesar de nunca termos tido uma máquina fotográfica para registrar os momentos em família, a imagem daquelas noites longínquas que perdura em minha mente é de um grupo de crianças exaustas, apoiadas umas nas outras em posições inusitadas e aninhadas em um sono tranquilo.

Embora passássemos a maior parte do tempo naquela sala brincando e contando histórias, também íamos ao pequeno jardim atrás da casa em dias de clima ameno. Lá, procurávamos minhocas e às vezes ameaçávamos uns aos outros com elas; fazíamos guerras de lama; brincávamos de esconde-esconde; e construíamos fortes, alimentando nossa imaginação em um espaço muito pequeno, mas que, para nós, parecia um reino. Conhecíamos cada centímetro daquele lugar. Bisbilhotávamos tudo, investigando quem ou o que havia passado por lá na noite anterior — gerbos, ou esquilos-da-Mongólia, um tipo de roedor que parece um camundongo, mas principalmente gatos de rua cujas pegadas presumíamos ser de raposas selvagens. E sempre produzíamos um show — uma peça que estrelava cada um de nós e contava uma história sobre cinco crianças aventureiras.

Há outra lembrança que alimenta a alma quando penso em minha vida naquela casa da família. É o aroma forte e doce do que chamamos de *bakhoor*. Esse era o cheiro da minha casa. O *bakhoor* é feito de lascas de madeira embebidas em óleos aromáticos, como almíscar e sândalo, e queimadas em um tradicional incensário chamado de *mabkhara*. Os pedaços de madeira produzem uma abundante e densa fumaça que se espalha pelo ambiente. Ninguém usa perfume na Arábia Saudita — é proibido. Mas em cada casa há o aroma de *bakhoor*. A fumaça impregna as paredes, as almofadas, as roupas e o cabelo. Para mim, é o cheiro de um lar. Embora o *bakhoor* tenha queimado dentro de casa ao longo dos meus dezoito anos, hoje, de longe, o aroma me leva de volta àqueles anos na sala de TV e à sensação de calma e união que evocava.

Durante a minha infância, não me lembro tanto da presença de minha mãe e meu pai. Ele tinha o próprio quarto na outra extremidade da casa, com um banheiro e um escritório. Porém, costumava ficar em Al Sulaimi, onde era governador. Lá, sua casa era tão grande quanto um palácio, com um enorme jardim na entrada, um suntuoso saguão, salas para entretenimento e um terraço que se estendia até outro ambiente ajardinado. Nós o visitávamos ocasionalmente; havia vários outros cômodos — duas cozinhas, quartos e salas de estar. Mas, quase sempre, ele ia para Al Sulaimi sozinho.

Na nossa casa em Ha'il, víamos nosso pai nos fins de semana, em eventos especiais, como festas de família, e quando saíamos de férias juntos ou íamos para as montanhas no inverno e para o deserto no verão. Todos os meus primos e amigos diziam o mesmo sobre seus pais — eram praticamente ausentes durante a infância. Como menina, eu não questionava. Minha mãe também não era muito presente. Ela era professora de ciências em uma escola de apenas seis salas a cerca de quinze minutos de carro da nossa casa. Portanto, Sarah, nossa babá, desempenhava o papel de mãe, pai e guardiã.

Então, em 2007, tudo mudou. Era como se uma cortina se fechasse sobre minha vida — quem eu era, o que falava, a maneira como deveria me comportar. Eu tinha sete anos. Se eu traçasse uma linha do tempo, diria que foi quando a criança despreocupada se tornou a garota que não entendia mais seu lugar na família, que se perguntava por que estava sendo tratada de forma tão diferente, que questionava o que havia de errado em ser uma menina.

Nessa tenra idade, minha mãe me explicou que o comportamento mais estritamente proibido para uma menina era gritar, falar alto, levantar a voz. Ela me ensinou que a voz de uma mulher é como *awra*, a palavra usada para designar a parte íntima do corpo feminino que precisa ficar escondida. Alguns a descrevem como o "lugar escuro e sujo de uma mulher". De repente, meus irmãos começaram a ser arrogantes comigo e a levantar os punhos sempre que eu gritava ou ria alto. Naquela época, eu me preocupava mais em evitar seus socos do que em reprimir meu riso. Hoje, porém, reflito sobre o efeito que a repressão provoca nas meninas em crescimento — ria e você será punida; pareça abatida e triste e será recompensada por ser uma boa garota.

Eu ficava totalmente perplexa. Nunca tive permissão de sair para brincar, mas via meus irmãos encontrando os amigos sempre que queriam, andando de bicicleta, passeando no enorme parque da nossa rua. Eles faziam até churrascos lá e, enquanto os meninos comiam e conversavam, as meninas tinham que ficar em casa. Eu queria uma bicicleta, mas minha mãe ficou chocada com o pedido: "Meninas não andam de bicicleta. Você perderia a virgindade e, além disso, se tornaria masculina ou lésbica." Eu costumava abrir apenas uma fresta da porta da frente — o suficiente para que pudesse espiar a rua e ver o que estava acontecendo. Ficava lá grudada por quatro ou cinco minutos, mesmo que ser descoberta acarretasse uma punição severa. No início, observar os meninos do lado de fora me fazia sorrir; sua diversão parecia contagiosa. Mas, depois, comecei a sentir raiva — inveja por não poder fazer o mesmo. Meus irmãos jogavam videogame dentro de casa, o que também era proibido para meninas. Eu queria ir às aulas de natação, mas me disseram que eram restritas aos meninos. Na época em que fui para a escola, sabia que eles podiam brincar fora de casa, fazer churrasco no parque, andar de bicicleta e ter aulas de natação, enquanto as meninas deveriam ficar fora de vista. Eu perguntava à minha mãe por que não podia brincar lá fora; por que garotas e mulheres usavam *hijab*. Ela apenas respondia: "Se você é uma menina, deve se comportar como uma. Boas meninas aprendem a cuidar da casa e do marido; usam o *hijab* para mostrar que são boas. Elas não fazem o que os meninos fazem." Definitivamente não faziam. Os meninos vestiam jeans e camisetas; meninas como eu usavam *jalabiya*, um vestido longo e disforme, disponível em várias cores, que cobre o corpo todo.

Morávamos em uma rua muito tranquila, cheia de mansões, mas nunca tive permissão de correr até uma casa vizinha para brincar. Meu irmão costumava dizer que, se eu saísse sozinha, alguém me estupraria. Às vezes, eu era convidada para brincar com a filha de algum vizinho, mas meu irmão tinha que me levar — mesmo que eu só precisasse atravessar a rua e passar por algumas casas no mesmo quarteirão. Quando recebíamos nossos primos, os meninos brincavam lá fora, mas as meninas tinham que ficar dentro de casa. Quando achávamos que ninguém estava olhando, corríamos pela casa e nos escondíamos nas dobras das cortinas, chamando umas às outras. Minha mãe dizia: "Fiquem quietas — não quero que os vizinhos saibam que vocês estão brincando." Esses comentários reforçavam meu sentimento contraditório: por um lado, éramos crianças normais que gostavam de brincar; por outro, havia algo de tão errado conosco que tínhamos que esconder nossos desejos. Ou era minha mãe quem promovia essa duplicidade?

Às vezes, eu me perguntava se minha mãe era diferente das outras mães. Ela era a única garota em sua família, o que pode ter exercido uma pressão maior para que se adequasse aos padrões. Mas todas as suas amigas se casaram jovens, enquanto minha mãe frequentou a universidade para se tornar professora e só se casou aos 25 anos. Além disso, era dois anos mais velha que meu pai, enquanto a maioria das mulheres era mais jovem que seus maridos. Foi um casamento arranjado, é claro — todos são —, mas minha mãe me contou que seus pais lhe permitiram decidir se queria ou não o casamento escolhido. Ela é uma mulher muito bonita, sempre foi. E era meticulosa com sua aparência; por exemplo, como odiava o fato de ter um olho azul e outro castanho, usava lente de contato marrom para disfarçar a diferença.

Minha mãe tinha muitas amigas e, ao contrário de outras mulheres em nossa família que não tinham permissão para socializar, meu pai deixava que ela saísse para fazer visitas, então convivíamos bastante com outras pessoas. Mesmo assim, as regras repressivas para garotas prevaleciam. Quer estivéssemos em nossa casa ou visitando alguém, mulheres e meninas tinham que se sentar no *majlis* — a sala de estar —, empoleiradas no que chamamos de sofás acolchoados para beber chá e confraternizar, enquanto os meninos brincavam ao ar livre. Pelo que entendi, a lição era: uma menina deve sempre ficar dentro de casa, manter-se calma e nem sequer pensar que jogos ativos são adequados para ela. Embora esse ensinamento

REBELDIA

fosse exposto como uma boa orientação, era na verdade uma imposição rigorosa de que, para as meninas, diversão é errado e subserviência é certo. Esse era o mantra com o qual comecei a lutar, mesmo aos sete anos de idade. Esses costumes e tradições estão arraigados em mim até hoje, ainda incidindo em minha nova vida, tentando me lembrar de que as mulheres que brincam e riem são más.

À medida que os papéis masculinos e femininos eram definidos, passei a questionar outros costumes. No início do casamento e antes de meu pai trabalhar para a família real como governador de Al Sulaimi, era minha mãe quem pagava as contas. Com o salário de professora, ela comprou nossa casa e quitou os financiamentos dos carros que meu pai comprou. Houve um período, dos meus sete aos oito anos, em que meu pai estudou no Egito. Ele não ficava fora o tempo todo — era uma daquelas faculdades de ensino a distância —, mas viajava por semanas, às vezes meses. Naquela época, embora tivéssemos babás que basicamente cuidavam da casa, minha mãe se encarregava de quase tudo: educar os filhos, cozinhar para a família, receber os parentes, contratar prestadores de serviço e faxineiras. Ela nos explicou que meu pai estava estudando porque queria um diploma universitário que fosse útil para seu trabalho como governador.

A maioria das mães de minhas amigas não trabalhava fora de casa como a minha. Quando eu era jovem, o único trabalho que as mulheres podiam ter na minha região era dar aulas, pois, assim, interagiriam apenas com meninas e outras mulheres e não se misturariam com os homens. Mesmo assim, minha mãe me parecia uma contradição: era independente, tinha o próprio dinheiro e uma carreira como professora, mas também era religiosa e conservadora, sempre exigente e preocupada com as meninas da família, acusando-me de *awra* se eu me atrevesse a rir alto e certificando-se de que estávamos sendo devotas e disciplinadas. Porém, ao mesmo tempo, ela sempre deixava meus irmãos fazerem o que quisessem.

Antes mesmo que eu tivesse idade suficiente para ir à escola, percebi que minha mãe vivia em conflito. Não se tratava das divergências típicas entre uma criança e sua mãe — era algo mais profundo, como se tivesse sacrificado a mulher que queria ser e insistisse para que eu fizesse o mesmo. Sentia que, de alguma forma, ela estava pagando um preço por sua obediência, mas, sendo uma garotinha, eu não conseguia entender esse comportamento matizado; apenas considerava suas exigências cruéis e injustas comigo. Ela não me deixava visitar outras crianças da rua, como meus irmãos faziam. Eu não tinha permissão para usar jeans como eles. E era proibida de falar sobre o que gostaria de ser quando crescesse, embora ouvisse os meninos se expressando, como é comum às crianças.

Aos sete anos, meu mundo estava encolhendo — onde e com quem eu brincava definiram minha vida inteira. Minhas primas e eu brincávamos de "casinha", arrumando as almofadas no chão como se fôssemos mães com bebês visitando umas às outras. Colocávamos um pano na cabeça como se estivéssemos usando um *hijab* e fingíamos ser mães. Como ter uma boneca era proibido por causa de nossa religião, amassávamos um travesseiro e o segurávamos como se fosse um bebê.

O mantra "proibido para garotas" começou a se infiltrar em minha alma como uma mancha. A essa altura, aquela sala, antes repleta de crianças felizes, havia se esvaziado. Sarah voltou para a Indonésia. Mutlaq e Majed, com dez e oito anos, tinham o próprio quarto e começaram a agir como se não quisessem minha companhia e como se tivessem o direito de mandar em mim. Quando eu completei sete anos, minhas irmãs Lamia e Reem, com treze e doze, estavam prontas para começar a escola; elas também tiveram o próprio quarto e, embora cuidassem de mim e me protegessem como as irmãs mais velhas, comportavam-se da maneira que as meninas deveriam — sempre limpando a casa, aprendendo a cozinhar e realizando tarefas que agradavam minha mãe. Eu tentava me esquivar desses afazeres. Sentia que havia perdido meus melhores amigos: meus irmãos e minhas irmãs seguiram em frente — sem mim. Naquela fase jovem da minha vida, eu me sentia muito sozinha. Então minha irmã Joud nasceu. Mesmo que ela fosse um bebê e tivesse que ficar no quarto com a minha mãe, eu sabia que teria uma nova irmã para brincar. E meu irmão mais novo, Fahad, de cinco anos, saiu do quarto da minha mãe e começou a dormir no meu. Ele era muito especial para mim, talvez porque tinha inúmeras dificuldades ou talvez porque ainda era jovem e não me considerava indigna de sua companhia, como meus irmãos mais velhos passaram a me tratar. Independentemente do motivo, Fahad se tornou meu melhor amigo e Joud, minha querida irmãzinha.

Lembro-me do dia em que comecei a escola; quem me levou foi o nosso motorista. Todas as meninas tinham que ir de carro. Não tínhamos permissão para caminhar até lá, pois havia um medo implícito de sermos raptadas por homens que queriam fazer sexo conosco. Eu não entendia muito bem do que se tratava, mas sentia a tensão e sabia que, de alguma forma, precisava me esconder por ser uma menina. Para algumas garotas, essa condição era o que nos tornava tão especiais. Eu discordava. Para mim, era o que nos excluía. Uma sensação detestável.

No entanto, tirando isso, ir para a escola parecia uma nova aventura que me abriu todos os tipos de portas — ter vinte novas amizades em sala de aula, por exemplo. Até o uniforme — um vestido longo rosa e uma blusa branca — fazia com que eu me sentisse parte de um clube importante, um clube cujas sócias se tornariam *alguém*. Eu usava aquele uniforme como um símbolo de pertencimento. Levávamos nosso almoço para a escola todos os dias, geralmente falafels e chocolates; depois de comer, brincávamos ao ar livre, o que, para mim, era uma deliciosa amostra de liberdade. O muro alto nos escondia de olhares curiosos, permitindo que brincássemos de esconde-esconde, por exemplo. Havia uma espontaneidade nisso — correr, me esconder, calcular minha posição e tentar não ser pega — que me entusiasmava; fazia com que eu me sentisse menos confinada e fomentava minha vontade de ser livre, criativa e mais esperta do que os outros. Mas estar do lado de fora e sentir o vento no rosto e a liberdade das brincadeiras de perseguição não eram o meu maior incentivo. A escola era um lugar para aprender e eu tinha sede de conhecimento. Queria saber como as coisas funcionavam, por que as regras eram daquele jeito, quem eram os responsáveis por essas decisões. Durante meus primeiros dois anos na escola, minha professora era minha mãe. Sabia que ela me observava e contava a todos que eu era sua filha, algo que me agradava bastante. Ter seis irmãos significava não se destacar com muita frequência, ainda mais se você fosse menina. Na escola, porém, sentia-me a filha especial. Todas as crianças adoravam minha mãe. Às vezes eu me perguntava se, na escola, ela era uma pessoa liberal e, em casa, uma pessoa mais conservadora que julgava a severidade uma obrigação.

Nos primeiros seis anos de escola, nossas aulas incluíam ler, escrever, estudar o Alcorão e, minha matéria favorita, artes. Eu amava, pois podia desenhar, o que faço muito bem, todo mundo sabe. Mas, mesmo com minha arte, havia regras que eu questionava. Nunca tive permissão para desenhar humanos. Certa vez, já mais velha, comecei a desenhar corpos femininos. Quando minha mãe descobriu, ficou furiosa — era como se eu tivesse me tornado terrorista. Desenhar pessoas era proibido. Assim como o ursinho de pelúcia que foi tirado de mim quando criança, não é algo permitido pelo islã. Então, eu desenhava um olho ou uma mão; contanto que não tivesse um corpo, não era *haram*. Também desenhava cenários e alimentos, como bananas. E pintava. O mundo da arte era uma espécie de fuga. Fazer algo bonito e diferente me dava uma enorme sensação de prazer e fortalecia a minha autoestima, pois todos adoravam meus desenhos. Lembro-me da discussão que tive com minha mãe por ela se recusar a me dar uma bicicleta. Quando comecei a chorar, ela me presenteou com tintas, papéis e lápis de cor.

Embora eu nunca tenha entendido a regra de não poder desenhar pessoas e ter um ursinho de pelúcia, acabei aceitando. Mais tarde, quando deixei a Arábia Saudita, descobri que havia muitas outras proibições que eu desconhecia. Por exemplo, certa vez, uma amiga no Canadá me perguntou como era a comemoração do meu aniversário — se meninos e meninas se reuniam, se usávamos nossos melhores "vestidos e sapatos de festa", se comíamos doce e sorvete, se apagávamos as velas do bolo. Ela queria saber que tipo de presentes as crianças levavam para a aniversariante e como era o "Parabéns pra você" em árabe. Fiquei pasma. Nunca tinha ouvido falar dessas coisas. Não temos festas de aniversário, em hipótese alguma! Seria o mesmo que desenhar um ser humano ou ter um ursinho de pelúcia — atividades contrárias ao islã. Eu apenas sabia que tinha nascido no inverno. Só descobri minha data de nascimento após os nove anos de idade, e ela seguia o calendário islâmico — um calendário lunar de doze meses e 354 ou 355 dias. Comparativamente, se o ano gregoriano é 2020, o ano islâmico é 1439. Até os quatorze anos, eu não sabia minha data de nascimento no calendário gregoriano; estávamos viajando quando a vi no meu passaporte. É 11 de março de 2000. Essa informação significou muito para mim, mas as festas de aniversário eram uma incógnita, então nem cheguei a considerá-las.

Acho que, se eu pudesse ter substituído *não* por *sim*, grande parte da minha infância teria sido muito diferente. Por exemplo, no verão, quando eu tinha oito anos, meu pai comprou uma piscina. Lembro-me daquele dia como se fosse ontem. Eram 15h, estava tão quente e abafado que era quase impossível ficar do lado de fora sob o calor insuportável. Meu pai estava enchendo a piscina para que pudéssemos nadar. Eu estava parada ao lado dele, sorrindo e tocando a água, observando os belos desenhos que ela fazia enquanto mexia meus dedos. Quando a piscina ficou cheia, ele sorriu para mim, lembrou-me de tomar cuidado na água e foi embora. Eu sabia que outras pessoas tinham piscinas, mas essa era a primeira vez em nossa casa. Entrei e chamei meus irmãos, avisando-lhes que a piscina estava pronta. Eles correram para fora com entusiasmo, imediatamente tiraram as roupas e pularam na água de cueca. Estava indecisa sobre o que usar para nadar — minha *jalabiya* não parecia uma boa ideia, mas eu sabia que não poderia tirá-la. Não havia mais nada para vestir, então me segurei na borda e levantei a perna para entrar na água com meu vestido. Bem, parecia que o quintal tinha sido bombardeado. Meus irmãos começaram a berrar como se suas vidas estivessem em risco — não a minha, a deles! Insistiram para que eu saísse da água e entrasse em casa. Levantaram os punhos para mim e pareciam descontrolados. Eu não disse nada; fiquei assustada com a intimidação e entrei. Nunca mais me aproximei de uma piscina.

A imagem do meu pai sorrindo para mim e lembrando-me de tomar cuidado na água permaneceu em minha mente. Ele teria permitido que eu entrasse na piscina. Certamente tinha mais autoridade do que meus irmãos. Entretanto, por mais estranho que pareça, essas eram questões que eu jamais ousaria discutir com meu pai. Sempre tive a sensação de que, se lhe pedisse uma bicicleta, teria ganhado uma; se lhe pedisse para fazer aulas de natação, teria conseguido. Mas nunca pedi. Era um daqueles tabus tácitos: não peça nada ao seu pai. Todos nós respeitávamos isso. Nunca ouvi meus primos pedirem nada aos pais; era algo que simplesmente não fazíamos. Talvez esse seja o motivo pelo qual sempre pensei que ele teria atendido aos meus pedidos. Uma teoria que nunca testei.

Em pouco tempo, meus irmãos mais velhos se transformaram em tutores autoproclamados, me controlando, verificando cada movimento meu. Quando fiz nove anos, novas regras foram introduzidas em minha vida e começaram a apagar a garota que eu pensava ser. Eu não tinha mais permissão para sentar com meus irmãos. Não podia mais me deitar se eles estivessem na sala. Disseram-me para nunca abrir as pernas e sempre me

RAHAF MOHAMMED

sentar direito, de pernas cruzadas. E descobri que não deveria abraçar Fahad, pois poderia ser interpretado como um ato sexual. Uma garota pode beijar a cabeça de um irmão, perto da linha do cabelo, e um irmão pode beijar a testa de uma irmã. É permitido beijar o pai na bochecha, mas, quando se tem nove anos, é proibido sentar no colo dele. E você não pode ficar do lado de fora — nunca. Não deve abrir a janela, mesmo em seu próprio quarto. As cortinas precisam ficar fechadas; o sol nunca iluminava o meu quarto. Se alguém bater na porta, é proibido atender; você não pode perguntar: "Quem é?" Ninguém deve ouvir a voz de uma garota. Disseram-me que eu nunca deveria andar em público e, se precisasse trabalhar, a única opção era ser professora em uma escola só para meninas.

Esses eram os avisos que eu recebia o dia todo de minha mãe e meus irmãos quando tinha nove anos. Eles tentavam me fazer sentir que eu era inferior aos meninos. Era algo que não me agradava e que nunca acreditei que fosse verdade, mas não sabia como reverter isso. Nunca falei com minhas irmãs mais velhas sobre o assunto, pois sentia que nossa diferença de idade havia criado uma barreira entre nós; elas pareciam maduras e me consideravam a irmãzinha pentelha. Eu me sentia totalmente sozinha — sempre pensando, imaginando, questionando, mas sem me expressar. Tinha medo de que houvesse algo errado comigo e me perguntava por que não conseguia me encaixar. Minha vida era como um quebra-cabeça, mas, naquela idade, eu era incapaz de juntar as peças. Continuei analisando a maneira como nós, meninas, éramos criadas: minha mãe e meus irmãos gritavam conosco, nos puniam, mas nada acontecia com os meninos. Ao perguntar o porquê, ela respondia: "Você é uma garota, tem que fazer isso", como se eu devesse ter vergonha de questioná-la. Mas eu não tinha; na minha opinião, eles estavam errados.

Nessa época, comecei a perceber que minha personalidade não era o único aspecto que destoava da minha família. Eu era a única com cabelo encaracolado e pele morena. Minhas irmãs tinham pele clara e cabelos lisos e sedosos. E eu estava acima do peso, o que me tornava um alvo para meus irmãos, que zombavam de mim e me xingavam de nomes que prefiro nem lembrar. Até minha mãe fazia comentários maldosos sobre meu peso. Eles achavam engraçado, mas isso só me fez odiar meu corpo.

Aos nove anos, as meninas sauditas aprendem que é hora de se cobrir, de começar a usar *abaya* e *hijab*. Ninguém diz o porquê; ninguém explica que você tem que se esconder para que os homens não a olhem. Eu via a *abaya* como um saco preto sem graça e o *hijab* como um acessório incômodo, que sempre escorregava da minha cabeça, mas adotei a vestimenta imediatamente. Os meus familiares, que me consideravam rebelde, ficaram satisfeitos por, de alguma forma, eu ter visto a luz e me tornado calma e religiosa como uma boa menina, mas esse não era o meu raciocínio. Na minha opinião, a *abaya* era um modo de disfarçar o corpo, de esconder a gordura. Quando estávamos saindo, minha mãe até dizia: "Não se preocupe com a *abaya*", mas eu estava em uma missão — cobrir-me e evitar as provocações cruéis.

Durante a infância, eu recebia muitas mensagens confusas. Por exemplo, assistíamos a filmes na televisão — não filmes norte-americanos (esses eu via em segredo no meu computador quando mais velha), mas várias histórias de amor e dramas familiares do Egito e da Índia. Embora não tivéssemos permissão para fazer nenhuma das coisas que víamos na TV — homens socializando com mulheres, flertando e se apaixonando —, elas me faziam questionar por que meus pais não agiam da mesma forma. Perguntava à minha mãe por que não o beijava; ela apenas ria. Eles nunca demonstravam afeto um pelo outro. Conversavam entre si, é claro, compartilhavam relatos sobre os acontecimentos do dia e até nos contavam histórias. Em raras ocasiões, eram histórias de amor, às vezes sobre como se conheceram, mas, em sua maioria, sobre amantes desafortunados. Porém, nunca os via se beijando. Pelo que sei, meu pai nunca abraçava minha mãe ou usava apelidos carinhosos como *querida, meu bem* ou outras palavras que eu ouvia nos filmes. O relacionamento deles era algo que eu não conseguia entender.

Meu pai não era controlador — minha mãe seguia as regras para as mulheres mais por causa das expectativas da sociedade do que dele —, mas eles brigavam muito e, aos meus olhos de criança, não eram um exemplo de amor conjugal. O único lugar onde o amor verdadeiro e o apoio inabalável se mostravam abundantes era na casa de minha querida avó materna, que chamávamos de mamãe Nourah. Ela foi meu porto seguro durante todos esses anos. Embora tivesse mais de vinte netos, sempre dizia que eu era a favorita; tínhamos um relacionamento maravilhoso. Às vezes ela nos visitava; às vezes eu ficava em sua casa. Adorava estar com minha avó, ouvir as histórias de sua vida e cuidar dela com todo o meu amor. Ela me abraçava, ouvia minhas histórias e sempre fazia festa quando eu voltava da escola, como se ficasse feliz em me ver. Compartilhava comigo tudo o que comia — sempre com as mãos, algo típico da maneira como as pessoas mais velhas se alimentavam — e dormia ao meu lado. Lembro-me de como ela beijava minha testa quando eu estava prestes a adormecer. Se levantasse à noite para ir ao banheiro, ela me acompanhava e esperava na porta caso eu sentisse medo. Minha avó parecia saber instintivamente quando eu estava chateada, e eu sempre compartilhava minhas angústias de menina com ela, que me entendia e costumava dizer: "Você ainda será uma ótima professora. Ganhará dinheiro; fará o que quiser." Mamãe Nourah deixava claro para mim que eu era capaz de alcançar tudo o que desejasse, fazendo-me acreditar em mim mesma. Eu me apoiava em suas mensagens como se fossem enviadas por Allah. Mesmo quando minha mãe reclamava de mim, minha avó dizia: "Deixe Rahaf em paz."

Certa vez, tirei uma foto minha com uma câmera que meu irmão comprou porque iria viajar, um objeto que era *halal* para ele. Mas, certamente, não para mim. Minha mãe ficou horrorizada e, como sabia da minha proximidade com minha avó, contou-lhe o que eu havia feito, esperando que me repreendesse. Ela não o fez. Em vez disso, disse à minha mãe: "Deixe Rahaf viver a própria vida." A meu ver, mamãe Nourah tinha a mente aberta e estava tentando me dar um exemplo, mostrar que eu poderia ser da mesma forma se escolhesse minhas palavras e agisse com cuidado. Apesar de ter se beneficiado de algumas das mudanças feitas nas décadas passadas — a partir de 1955, as meninas podiam frequentar a escola e, a partir de 1970, a universidade —, as regras para as mulheres eram quase tão opressivas para ela quanto para mim. Acho que minha avó era uma daquelas mulheres que descobriu como burlar o sistema e estava me ensinando a fazer

REBELDIA

o mesmo. Ela me considerava diferente e me fazia sentir que isso era ser especial, enquanto minha mãe me fazia achar que era algo ruim. Eu costumava pensar — talvez fantasiar — que, se tivesse passado mais tempo com a gente, meu pai também perceberia meu contraste, me veria do mesmo modo que a mamãe Nourah e não permitiria que meus irmãos me controlassem. Mas essa fantasia nunca se materializou. Desde que fugi da Arábia Saudita, tenho acompanhado as redes sociais dos meus familiares para verificar se falam sobre minha avó; se algo acontecesse, a família postaria. Com toda essa distância, sei que eu choraria só de pensar em não estar ao seu lado se ela estivesse doente ou em dificuldades.

Tal como eu, minhas amigas e primas eram controladas pelos irmãos. As coisas eram assim. Em casa, eu sabia que tinha que obedecer a meus irmãos ou seria punida. Obrigavam-me a levar comida para eles, pois afirmavam que, como menina, era meu dever. Até me diziam como usar meu cabelo e quais palavras expressar. Tive de aceitar os maus-tratos e a humilhação porque não havia nada que pudesse fazer para impedi-lo.

Meu irmão Majed era o mais difícil; tinha opiniões muito severas sobre garotas — a aparência e o comportamento delas geralmente o enfureciam, e ele nunca se envergonhava de expressar seus comentários raivosos. Majed achava que, essencialmente, todas as mulheres eram más e que sua maldade só precisava ser descoberta. Ele me instruía a não usar laços no cabelo. Quando assistíamos à TV, dizia coisas como: "Aquela garota é má; provavelmente está traindo o marido. Aposto que fuma e bebe." Se uma atriz estivesse usando um vestido curto, ele sacudia o punho para a tela e gritava: "Onde está a família dessa mulher?"

Certa vez, quando pedi a meus irmãos que explicassem por que eu precisava me cobrir e por que não podia fazer o que faziam, a única resposta que recebi foi uma ameaça. Eles me disseram que, se ousasse fazer essas perguntas em um lugar público, seria presa. Tentavam me assustar afirmando que a *mutaween* viria me buscar. A essa altura, eu nunca tinha visto a polícia religiosa, mas ouvia muito sobre ela: era o esquadrão do vício e da virtude que faz cumprir as regras religiosas, como a vestimenta feminina e a separação entre homens e mulheres. Esses policiais afirmam que fazem isso para proteger a moralidade pública e que têm o direito de intervir quando um muçulmano está agindo incorretamente. Seu lema — que ouvi muito quando criança — é garantir que os cidadãos "desfrutem do bem e coíbam o mal". Sempre me perguntei como bater em uma garota que ri alto é desfrutar do bem e proibir que meninas andem de bicicleta é coibir o mal. Nunca vi a *mutaween* na minha escola, mas sabia que ela dava dinheiro para pessoas que denunciassem qualquer um que desrespeitasse o lema.

Apesar de todas as minhas críticas sobre a maneira como fui criada, há uma parte da minha educação que foi encantadora, assim como os dias felizes na sala de TV com Sarah, nossa babá. Os passeios que fazíamos nas montanhas ou no deserto me deixaram uma forte impressão de como as famílias podem ser quando caminham em Aja, a montanha próxima a Ha'il, assam carneiro, preparam deliciosas saladas e devoram doces. Porém, fazíamos algo a mais: colhíamos flores silvestres e, como não havia ninguém por perto e tínhamos tirado nossas *abayas*, as colocávamos em nossos cabelos. Sempre íamos para as montanhas no inverno, pois o calor sufocante do verão dificultava muito nossa caminhada. Pegávamos *hamadai* — pequenas folhas verdes — para comer. Quando éramos pequenos, nosso pai nos acompanhava, contando histórias assustadoras até uma ou duas da manhã. Tenho lembranças muito felizes daqueles dias; ainda consigo sentir o cheiro da lenha e o gosto de *hamadai*. Minha mãe tinha uma jaqueta grande, conhecida como *farwa*; ela me aconchegava em um braço e Joud e Fahad no outro e, então, cantava para nós. O céu era estrelado, e muitas vezes íamos durante a lua cheia, que iluminava nossa família. Meu irmão Mutlaq carregava uma arma para nos proteger de animais que poderiam ser atraídos pela fogueira.

Todos os anos, tirávamos férias de família prolongadas. Viajávamos de carro — sete crianças e dois adultos amontoados. O mais novo sempre sentava no colo da minha mãe, no banco da frente — não havia cinto de segurança na época —, mas o resto ia atrás, apesar das brigas de crianças e das regras repressivas para meninas. Às vezes dirigíamos dez horas por dia, de nossa casa no Norte para onde quer que estivéssemos indo. E nos divertíamos. Conversávamos o tempo todo, contávamos piadas, fazíamos brincadeiras e cantávamos músicas tradicionais da nossa tribo, como esta:

عجلوا إلى المجد والسمو
سبحوا خالق السموات
وطن الشجعان وطن الأوطان
للسعودية نحيي روحك
إلى الوطن أنت مخلص دائما
حمل العلم الأخضر

Tradução:

Apresse-se para a glória e a supremacia
Glorifique o criador dos céus
A pátria de corajosos, a pátria de todas as pátrias

Ao saudita, nós saudamos sua alma

À pátria, você é sempre leal

Carregando a bandeira verde

E:

بدوي من السعودية

أنقذ أعز دولتي.

انا بدوي من السعوددة

أنا مشهور باللون الأسود.

Tradução:

Sou um beduíno da Arábia Saudita,
Eu salvo meu querido país.
Sou um beduíno da Arábia Saudita,
Conhecido por minha pele morena.

E:

الله أكبر!

يا بلدي! بلدي ،

عش فخر المسلمين!

يعيش الملك

للعلم. والوطن!

Tradução:

Allahu Akbar!
Ó, meu país! Meu país,
Viva como o orgulho dos muçulmanos!
Vida longa ao rei
À pátria! Pela bandeira!

Por algum motivo que ainda desconheço, não nos tratávamos assim quando estávamos em casa. Exceto naqueles primeiros anos, na sala de TV com a babá Sarah, não éramos próximos. Não compartilhávamos segredos. Ninguém falava sobre como se sentia, o que odiava, o que amava. Mas, de alguma forma, havia um laço que nos unia naqueles feriados. Foi uma época em que aprendi muito sobre minha família e suas personalidades: o humor de Lamia oscilava muito; Majed adorava dar conselhos; Fahad era um bom ouvinte; Joud, quando começava a falar, não parava nunca; Reem e Mutlaq eram quietos — não conversavam muito e adoravam comida —; e meus pais eram diferentes um do outro. Meu pai costumava ser calmo, tranquilo e sorridente, mas minha mãe era o oposto. Estava sempre preocupada, ansiosa, atenta, como se fosse ela quem estivesse sendo julgada.

Parávamos o carro no meio do deserto para rezar e, então, minha mãe estendia uma grande toalha na areia e preparava um piquenique que era um banquete — pratos de frango e arroz, doces e frutas; em nossas férias, toda refeição era uma celebração. Meu pai nos contava histórias sobre cada uma das cidades por onde passávamos, seu passado e os motivos que a tornaram conhecida: uma tinha diamantes no subsolo; outra era uma cidade fantasma que parecia assustadora por não possuir habitantes; e outra era famosa pelos lobos que circulavam seu perímetro. Meu pai e minha mãe nos contavam histórias de amor — sempre sobre dois apaixonados que foram mortos porque sua afeição era um crime ou que não podiam se casar porque eram de tribos diferentes. Histórias que geralmente não são compartilhadas nas famílias sauditas. Eu me perguntava se o carro era um lugar seguro para contá-las ou se era uma forma de nos alertar sobre ideais românticos. Lembro-me de uma viagem até Riade, capital da Arábia Saudita, a seis horas de casa. Eles nos contaram a história de um príncipe que estuprou e matou uma mulher e, depois, jogou seu corpo na rua. Perguntamos se o governo o puniria ou se o pouparia por ser um príncipe. Não obtivemos resposta. Por sermos jovens, ficamos com receio de ir para a capital, onde mora a maioria dos príncipes, e com medo de que algo ruim acontecesse conosco da mesma forma que aconteceu com aquela mulher.

Quando criança, eu sabia que minha família era rica; nossa casa era maior do que a dos meus primos, viajávamos mais do que os outros e tínhamos coisas que poucos tinham, como bicicletas e TVs grandes. Eu também sabia que meus pais levavam a sério os deveres do islã — não apenas manter meninas e meninos separados, mas também fazer o que chamamos de *zakat*, que significa "caridade". Ha'il, minha cidade natal, é famosa pela generosidade de seu povo, pois é o lar do poeta Hatim al-Tai, conhecido ao longo da história por atos extraordinariamente generosos. Nossos pais nos contavam histórias sobre ele, que é mencionado em alguns dos *Hadiths* do Profeta e é um dos personagens de *As Mil e Uma Noites*, a coleção de contos populares do Oriente Médio compilados durante a Idade de Ouro islâmica, entre 800 e 1258 E.C. É por isso que nossa casa costumava estar aberta para um café ou uma refeição. Muitas vezes havia pessoas em nossa mesa, pessoas que não tinham comida suficiente. Batiam na porta — nunca em grupos, apenas sozinhas — e minha mãe dava-lhes roupas, alimentos e dinheiro. Ela fazia embrulhos, como se fossem presentes; eu adorava poder entregá-los a um estranho. Porém, me perguntava por que era permitido atender a porta para fazer *zakat*, mas não para recepcionar meus parentes.

Aos dez anos, ganhei meu próprio celular, mas, mesmo que me pertencesse, eram meus irmãos que decidiam se eu poderia usá-lo, para quem ligaria, por quanto tempo conversaria. Eles verificavam se eu tinha telefonado para alguém sem permissão. Ninguém se atrevia a fazer isso. Como ser menina significa ser testada o tempo todo, seu irmão ligará para o seu celular a fim de conferir se você atende. Se não o fizer, ele conclui: "Ok, ela é uma boa garota." E, se o seu telefone tocar, ele atenderá e decidirá se você pode falar com a pessoa que ligou. Logo aprendi a esconder meu celular quando meu pai ou meus irmãos estavam por perto para que não interferissem na ligação. Essas regras se aplicavam a tudo que eu fazia. Por exemplo, por mais estranho que pareça, ao terminar minha refeição, só tinha permissão para me retirar quando eles mandavam. Meus irmãos levantavam da mesa quando queriam, quer tivessem acabado de comer ou não. Eles saíam para jogar futebol, o que eu não podia fazer, pois me tornaria masculina ou lésbica!

Posteriormente, minha mãe disse que não queria que eu ficasse perto de meus irmãos porque, em breve, seria uma mulher. Eu tinha apenas dez anos. Depois disso, ela garantia que estivéssemos sempre separados e não sentássemos um ao lado do outro. Éramos irmãos; o que ela imaginava que aconteceria?

Nessa época, aprendi o significado de *honra*. Minha mãe se sentou ao meu lado, riscou um fósforo, segurou a chama bem perto de mim e disse: "Seu corpo queimará durante a vida e até mesmo após a morte se você manchar sua honra ou a honra da família." Não sabia o que ela queria dizer com "manchar", mas fiquei apavorada com essa ameaça desconhecida chamada honra, como se fosse um monstro que iria devorar minha alma e me torturar.

Lembro-me muito bem daquele dia. Com ambas as mãos, minha mãe segurou minha cabeça com força, me obrigou a olhar para baixo e declarou: "É assim que você deve agir — abaixar os olhos sempre que um homem passar por você em lugares públicos." Então ela apertou meus dedos e advertiu que as cobras iriam comê-los se eu os colocasse entre as pernas e me tocasse. Ao soltá-los, aproximou o rosto do meu e informou, com uma voz alarmada: "Você tem uma coisa que pertence apenas ao seu marido. Você saberá o que é quando crescer." Fiquei totalmente perplexa. O que era essa "coisa" que eu não tinha permissão para saber? Imaginei se ela teve a mesma conversa com minhas irmãs mais velhas quando tinham a minha idade, e se Joud, com apenas três anos, seria submetida a um sermão parecido quando chegasse aos dez. Também me perguntei o que minha mãe havia dito aos meus irmãos sobre honra, ou se essas mensagens eram apenas para garotas. Questionei-me se os meninos não precisavam se preocupar com a tal da honra, por ser algo que só as meninas tinham.

Após essa conversa, passei a ser ainda mais repreendida, lembrada de preservar minha honra, de ter cuidado, pois poderia perdê-la se sentasse de forma errada, se não cruzasse bem as pernas. Na escola, nossas professoras reforçavam o ensinamento — a honra de uma menina é tudo; se for perdida, é o mesmo que estar morta. Eu tinha várias perguntas, mas não as fazia por medo de ser julgada como desonrosa. Essas foram minhas primeiras lições sobre honra, mas não as últimas. Minha mãe explicou que era preciso aprendê-las, pois eu estava prestes a me tornar uma mulher. Eu não queria me tornar uma mulher; queria ser criança.

Certo dia, meu tio paterno foi nos visitar quando meu pai e meus irmãos não estavam em casa. Eu o vi chegando e fui abrir a porta para recebê-lo. Minha mãe correu até mim e gritou, ofegante: "Espere! Ele é um homem adulto e solteiro. Não vou deixar vocês ficarem sozinhos." Meu tio? O que o irmão do meu pai faria comigo? Por que não poderia ficar perto de mim? Eu já tinha ouvido todos os discursos sobre honra e presumi que deveria ser algo relacionado, então simplesmente me afastei e fiquei fora de vista. As palavras de minha mãe não me surpreenderam; descobri que todas as proibições ocorriam por causa dos homens.

Apesar das tentativas de me manter em algum tipo de fase infantil, me tornei uma garota de onze anos com toda a curiosidade bisbilhoteira que acumulei durante a infância. Mas aquele acabou sendo um ano diferente de qualquer outro, com uma série tumultuada de eventos que jamais esquecerei. Primeiro, recebemos a notícia de que minha avó paterna havia falecido. Como não éramos particularmente próximas, perdê-la não foi doloroso para mim, mas ver a reação de meu pai foi tão desconcertante que me chocou. Eu nunca o tinha visto chorar. Ele estava extremamente triste. Fiquei confusa com sua demonstração de emoção, algo que nunca havia presenciado. Então, logo após essa comoção, Joud foi diagnosticada com diabetes; ela tinha apenas quatro anos. Mesmo depois de tantos anos, enquanto escrevo isto, revivo a agonia que senti quando soube que minha doce irmãzinha inocente estava doente. Lembro-me de minhas lágrimas e do medo de perdê-la. Minha mãe não parava de chorar, dizendo que Joud teria diabetes para sempre. Passei a me dedicar à minha irmãzinha, ficar com ela, brincar e fazê-la rir. Embora tivéssemos uma funcionária para cuidar dela, eu me via como sua guardiã; jurei que a protegeria e jamais permitiria que meus irmãos a fizessem se sentir da mesma forma que eu me sentia.

Entretanto, isso não era tudo que o ano tinha a oferecer. Meses após o diagnóstico de Joud, meu irmão Mutlaq fez uma

REBELDIA

descoberta surpreendente. Ele parecia aterrorizado quando contou à nossa mãe que o armário do meu pai estava aberto e sua arma tinha sumido. Toda a família se reuniu na sala para ouvir os detalhes. Todos, exceto Reem. Ninguém conseguia encontrá-la. Então, imediatamente presumimos que ela havia pegado a arma para se machucar ou ferir outra pessoa.

Minha irmã Reem, uma das alunas mais inteligentes da escola, era incondicionalmente amada; durante a infância, nós a considerávamos uma segunda mãe. Ela cuidava de todos — nos alimentava, cozinhava e nos ajudava em nossas tarefas domésticas. Passava horas limpando os sapatos de meu pai e lavando suas meias antes e depois de suas viagens de negócios. Era a pacificadora, aquela que enxugava nossas lágrimas e garantia que todos estivessem felizes. Porém, naquele ano, ela havia mudado totalmente. Tornou-se retraída e saiu do quarto que compartilhava com Lamia, pois preferia ficar sozinha. Parou de se sentar conosco durante as refeições e não queria mais ir à escola.

Após o relato de Mutlaq, todos corremos para o quarto de Reem. Eu estava logo atrás quando minha mãe irrompeu, exigindo explicações. A arma estava bem ali, ao lado da minha irmã. Minha mãe pulou na cama e segurou Reem, enquanto Mutlaq pegou a arma e saiu do quarto. Eu mal podia acreditar no que via — ela estava vestida como um homem; havia preparado uma mala com algumas de suas roupas e, ao seu lado, tinha uma folha com detalhes do seu plano de fuga. Minha irmã parecia apavorada. Eu me escondi atrás de uma das cortinas, pois sabia que me mandariam sair, mas queria ficar para ver o que aconteceria com ela. Do meu esconderijo, observei o que se seguiu, enquanto pensava: *Por que Reem quer fugir?* O que poderia fazer uma garota de quinze anos querer sair de casa? Ela parecia tão assustada. Estava chorando e suas mãos tremiam quando disse: "Não posso mais morar aqui." Minha mãe permaneceu ao seu lado e usou o celular para chamar seu irmão, meu pai e meu tio paterno, que chegaram ao mesmo tempo. Com todo mundo na sala assistindo, eles espancaram minha irmã — socos, tapas, chutes e empurrões. Era uma cena inconcebível — Reem tentava escapar, mas eles agarravam suas costas e batiam nela ainda mais. Sangrando, ela gritava, implorava para que parassem. Então, quando pensaram que a tinham dominado, minha irmã conseguiu correr e sair pela porta antes de a pegarem novamente e a esmurrarem até que cedesse. Seu corpo foi agredido, mas sua voz continuou forte quando ela se esquivou de outro golpe de nosso pai e gritou: "Você não é meu pai. Você não pode ser meu pai. Você me estuprou e eu nunca mais serei sua filha." Ninguém acreditou nela. Era como se estivesse vomitando palavras sem sentido.

REBELDIA

Meu pai disse que Reem precisava ser levada para um hospital psiquiátrico. Eu não tinha certeza do que isso significava, mas ninguém saiu de casa naquela noite. Voltei para o quarto que dividia com Fahad; estávamos com medo da minha irmã.

No dia seguinte, ela não parava de chorar. Disseram-nos para vigiá-la constantemente. Todas as portas estavam trancadas. Eu compreendia que foi errado roubar a arma de nosso pai. Mas o que tinha acontecido com Reem? Na época, não acreditei no estupro; nenhum de nós acreditou. Eu só sabia que minha irmã, que sempre auxiliou cada um de nós, precisava de ajuda naquele momento. Era possível sentir a tensão na casa, como um fio esticado que poderia se romper a qualquer instante. Todo mundo estava sussurrando, agindo com cautela, como se houvesse um segredo poderoso a ser guardado.

Nos dias que se seguiram, meu pai passou a maior parte do tempo em casa com minha mãe, ambos andando de um lado para o outro, cochichando. Era como se estivéssemos sob cerco. Então, meus irmãos e eu voltamos da escola e encontramos minha mãe sentada, sozinha e muito preocupada. Como não havia sinal de Reem ou de nosso pai, perguntamos o que tinha acontecido. Ela disse: "Levaram sua irmã para um hospital psiquiátrico." Embora eu ainda não soubesse o que era um "hospital psiquiátrico", as palavras me assustaram. Fiquei rondando o corredor da frente, esperando minha protetora irmã mais velha retornar. Quando a porta se abriu e ela foi carregada para dentro de casa, meu coração se partiu. Parecia outra pessoa. Seu rosto estava pálido, ela estava inerte e não olhou para ninguém. Manteve os olhos baixos, foi para o quarto e imediatamente caiu em um sono profundo. Pessoas de roupas brancas, como médicos, acompanharam Reem e meu pai para aplicar injeções a cada poucas horas, a fim de que continuasse dormindo. Óbvio que fiz perguntas: o que eles estão dando a ela? Por que a fazem dormir o tempo todo? Quando vai se levantar e ser a Reem novamente? E é claro que me disseram para ficar quieta, que isso não era da minha conta. Eu não sabia o segredo da minha irmã. Só sabia que ela estava sofrendo e não se sentia segura, o que acarretou sua tentativa de fuga. E eu me perguntava o porquê.

Depois disso, minha mãe assumiu a vigília e ficou sentada na sala, hora após hora, observando Reem e tentando acalmá-la quando se agitava. Pude perceber que minha mãe estava com medo. Tentei ser uma boa filha, ficar com ela para que não se sentisse sozinha sentada ali o dia todo. Eu disse que ajudaria; cuidaria de Reem para que minha mãe pudesse descansar um pouco. Para mim, era uma oportunidade de nos aproximarmos. Minha irmã não podia sair para visitar nossos parentes, é claro — estava confusa, ansiosa, incapaz de se controlar. O resto da família saía, mas eu ficava com minha mãe para lhe fazer companhia. Quando Reem começou a se sentir melhor, nós três sentávamos juntas para compartilhar histórias. Eu gostava de cuidar delas; me sentia menos solitária, como se agora me encaixasse na família. Nós três nos tornamos mais próximas, e era exatamente o que eu queria, pois assim ajudávamos umas às outras.

No entanto, nada permanece igual — nunca. Reem passou a ser uma garota que precisava de cuidados constantes, que não conseguia viver sozinha. Eu não sabia o motivo e me questionava sobre as injeções que ela estava tomando. Esses remédios, de alguma forma, afetavam sua memória? Deixavam-na tão dependente dos meus pais que não conseguia falar por si mesma? Não encontrei respostas para essas perguntas. Mas sei que, como família, seguimos em frente — nesse caso, imutáveis. Se minha irmã foi acometida por uma catástrofe, ninguém aprendeu nenhuma lição com ela.

Certo dia, quando eu tinha quase doze anos, Lamia, minha irmã mais velha, queria comprar maquiagem e me pediu para acompanhá-la. Aproveitei a oportunidade. Claro, Majed tinha que ir conosco. Coloquei minha *abaya* e meu *hijab* e entrei no carro. De repente, meu irmão olhou para mim e disse: "De agora em diante, você não vai sair de casa sem o *niqab* para cobrir seu rosto." Ele ergueu a voz e cuspiu a ordem como se fosse um príncipe real. Havia uma mistura de arrogância e orgulho na maneira como falava comigo, como se me controlar significasse que ele era, de alguma forma, um homem superior. Na verdade, minha vida estava em suas mãos; sua autoridade era a essência do meu ser. Eu não tinha outra opção a não ser aceitar essa realidade, então comprei um *niqab*. Assim que o vesti, era como se eu tivesse deixado de existir. Caminhamos na rua movimentada e me senti invisível; podia ver todo mundo, mas ninguém podia me ver. Ninguém sabia se eu estava sorrindo ou chorando. Eu não era Rahaf, mas uma mulher que, assim como todas as mulheres vestidas de preto, não é ninguém. As meninas — ou mulheres? — andando na minha frente não podiam se virar e ver meu rosto. Eu não conseguia ver seus rostos. Todas nós fomos apagadas. Aquela máscara era abafada, claustrofóbica. Eu estava respirando contra um pedaço de pano que começou a ficar úmido, como se o ar estivesse poluído. Achei que iria sufocar. Estava com medo de não conseguir respirar, mas não ousei contar a Majed. Instintivamente, Lamia soube o que eu estava pensando, se aproximou e disse: "Não tenha medo, você vai se acostumar."

Havia muitos aspectos com os quais eu tinha problemas para me "acostumar". Parecia um jogo disputado entre homens e mulheres; havia regras tácitas, mas todos sabiam como jogar. Se por acaso você não soubesse ou se recusasse a participar, a consequência era ser excluído. *Ostracizado* seria uma descrição muito severa porque, tal como as regras tácitas, o desrespeito às expectativas do jogo ou a censura aplicada nunca ficava evidente.

Cresci em uma família que não era aberta a discussões, que não aceitava uns aos outros facilmente — uma família na qual o amor era condicional. E, agora, eu deveria me acostumar a ser invisível. Fiquei apenas imaginando o que estava por vir.

CAPÍTULO TRÊS

Ordens Sagradas

Quando eu tinha treze anos e fui matriculada em uma nova escola após as férias de verão de 2012, minha vida mudou. Eu era oficialmente uma mulher, envolta em uma *abaya* digna de uma adulta — ou seja, tão grande que caberia duas de mim. Ademais, a *abaya* possuía um capuz, então minha cabeça também ficava coberta. Com isso e o *niqab* para tampar meu rosto, eu parecia uma espécie de embrulho ambulante. Porém, havia algumas vantagens em ser uma jovem de treze anos. Eu me mudei para um quarto maior com minha própria televisão (embora com um número restrito de canais) e adquiri um pouco mais de controle sobre meu próprio celular. Meus irmãos ainda podiam verificá-lo quando quisessem, mas eu tinha permissão para fazer minhas próprias ligações. O melhor de tudo é que eu frequentava o ensino fundamental, o que me dava uma trégua da minha família, que estava em outras escolas. Muitas das minhas amigas foram para o mesmo lugar que eu; nós nos conhecíamos bem, mas eu era considerada a malcomportada.

Aquela foi uma época em que a ênfase em nosso papel na sociedade saudita mudou de "filha obediente" para "esposa em treinamento". A mensagem na sala de aula era clara: as mulheres eram inferiores aos homens e deveriam obedecê-los, cuidar deles e proporcionar-lhes gratificação sexual. Comecei a examinar as leis islâmicas em meu país, leis que permitem ao Estado controlar as pessoas em nome da religião. Aos doze anos, eu sabia que não havia idade mínima para o casamento; na verdade, um homem pode até se casar com uma criança de cinco anos. Todos nós conhecíamos os famosos festivais de camelos — realizados todo mês de setembro em Ta'if, a cerca de oito horas de carro de Ha'il — e a prática que acontecia lá, chamada *akheth* ("posse"), quando meninas de quatorze a dezesseis anos são concedidas a membros idosos da monarquia por alguns dias ou semanas. E sabíamos que o casamento infantil era muito comum, e que a maioria das meninas da minha região era casada ou prometida aos doze anos. Como resultado, eu me questionava se o único valor de uma garota era ser propriedade de alguém.

REBELDIA

Iniciávamos os dias na escola fazendo orações do Alcorão e, em seguida, cantando o hino nacional saudita. Enquanto ainda estávamos de pé, as professoras verificavam nossa aparência — se as saias e os cabelos eram compridos o suficiente (não usávamos *abaya* ou *niqab* na sala de aula). No caso das meninas mais velhas, a ausência de maquiagem e joias, itens proibidos, também era averiguada. Até as nossas mochilas tinham que ser simples, sem estampas.

Depois, as aulas começavam e, embora estudássemos geografia, história, costura e organização doméstica, religião era a matéria mais importante; sua influência afetava todo o resto. O islã é a religião oficial da Arábia Saudita. O livro sagrado, chamado Alcorão, é a constituição do país. A Sharia ("o caminho") — proveniente do Alcorão e dos *Hadiths*, que são as palavras do Profeta — compreende as leis soberanas que regem desde rituais religiosos até a vida cotidiana. E a polícia, conhecida como *mutaween*, é a responsável por fazer cumprir essas leis.

A Arábia Saudita, ou "O Reino", como muitos a chamam, é o lar oficial do islã; os dois locais mais sagrados do mundo muçulmano — Meca e Medina — estão localizados no país, e foi onde o Profeta Muhammad viveu e morreu. Na verdade, o rei saudita tem um título adicional — ele também é conhecido como o guardião das mesquitas Al Masjid al-Haram, em Meca, e Al Masjid al-Nabawi, em Medina. Como o sistema legal é baseado na lei religiosa, os líderes da Arábia Saudita governam com base no que denominam orientação divina, o que torna o país uma teocracia em vez de uma democracia.

Em suma, o islã é uma religião monoteísta abraâmica que ensina que existe apenas um Deus — Allah — e que Muhammad é seu mensageiro. Existem mais de 1,8 bilhão de adeptos, que representam 24,1% da população mundial. As crenças da religião foram reveladas por meio de profetas, incluindo Adão, Abraão, Moisés e Jesus. Assim como o cristianismo e o judaísmo, o islã afirma que há um Dia do Julgamento final, quando os justos serão recompensados no paraíso, e os injustos, punidos no inferno. Os muçulmanos são sunitas (a maioria na Arábia Saudita) ou xiitas (a minoria).

A religião possui cinco pilares, que diferem entre sunitas e xiitas. Como na Arábia Saudita somos sunitas, aprendemos os seguintes pilares: *shahada*, que proclama a fé e alega que há apenas um Deus chamado Allah e Muhammad é seu mensageiro; *salat*, que significa oração, uma exigência cumprida cinco vezes ao dia; *zakat*, que significa caridade e afirma que um muçulmano deve dar esmolas aos pobres; *sawm*, que significa jejum e é feito do amanhecer ao anoitecer durante o mês sagrado do Ramadã; e *hajj*, que significa fazer uma peregrinação a Meca pelo menos uma vez na vida.

A versão predominante do islã, particularmente na minha região, é conhecida como wahhabismo, um movimento islâmico fundado por um imã chamado Muhammad ibn Abd al-Wahhab. O Grande Mufti da Arábia Saudita é descendente do fundador e tem laços estreitos com a família real. Seu nome — Abdul-Aziz ibn Abdullah Aal Al-Sheikh — é tão longo que mais parece um URL. Um erudito islâmico, ele é um homem de aparência assustadora que vive em Meca e controla todo o país no que diz respeito à religião e à justiça. Lembro que, quando o rei Abdullah considerou permitir o voto feminino nas eleições de 2015, o Grande Mufti logo expressou sua opinião, dizendo que o envolvimento das mulheres na política seria "abrir a porta para o mal".[1]

Eu ainda estava no ensino fundamental quando houve um grande alvoroço porque ele disse na televisão que o jogo de xadrez era *haram*. Embora eu não soubesse jogar e nenhuma das mulheres da minha família jogasse, o xadrez era uma prática regular da maioria dos homens de nossa tribo. É um jogo muito popular na Arábia Saudita. Porém, o Grande Mufti discordava e afirmou: "O jogo de xadrez é uma perda de tempo, uma oportunidade de desperdiçar dinheiro. Causa inimizade e ódio entre as pessoas."[2] Essa foi uma mensagem extremamente poderosa para os homens do Reino. Muitos continuaram jogando, mas temiam que o passatempo tão adorado logo fosse proibido. Quando ouvi essas palavras enraivecidas, junto com toda a minha família, elas soaram como mais um exemplo bizarro de uma regra sem sentido. O xadrez faz você odiar seu adversário. Sério? Como uma jovem adolescente, eu sabia que isso era ridículo e me perguntei por que outras pessoas não compartilhavam da minha opinião.

Na escola, aprendíamos apenas a versão wahhabi do islã — uma doutrina rígida, severa, implacável e repressiva, movida pela coerção e pelo medo. Por exemplo, mesmo sendo uma criança, eu sabia que foram os líderes do wahhabismo que destruíram os santuários históricos, os mausoléus e outros locais muçulmanos e não muçulmanos em meu país que deveriam ter sido preservados. Mesmo com doze anos de idade, eu achava que a educação recebida era sobretudo uma propaganda religiosa que disseminava o ódio por não muçulmanos ou qualquer pessoa que não seguisse o wahhabismo.

O problema com o nosso ensino religioso é que, desde o primeiro ano escolar, aprendemos somente uma religião, nos termos de um imã. Não há discussão, nem questionamento — apenas a aprendizagem mecânica e a interminável repetição

REBELDIA

de passagens do Alcorão. Embora sejamos todos muçulmanos, não aprendemos absolutamente nada sobre cristãos, judeus ou hindus; o ensino se limita ao islã. Só quando fiquei mais velha descobri que existem muitas interpretações do islã, desde as severamente conservadoras, como as praticadas em Ha'il, até as mais liberais, adotadas em outros lugares. Descobri que a maioria dos muçulmanos sunitas e xiitas em todo o mundo discorda da interpretação do wahhabismo, e que muitos deles o condenam; alguns, inclusive, afirmam que é uma fonte de terrorismo global. Porém, na minha escola e na minha casa em Ha'il, fomos ensinados que a única interpretação aceitável do islã é o wahhabismo. Todas as outras são consideradas maléficas, pecaminosas e até mesmo puníveis com a morte.

Eu costumava pensar que o wahhabismo deveria ser chamado de religião *la-la*, que significa "não-não". Não, você não pode fazer isso. Não, você não pode fazer aquilo. A lista de regras que aprendíamos na escola era devastadora, especialmente para jovens ansiosas por conhecer o mundo. Você não pode cantar ou ouvir música a menos que respeite os tipos estritamente estabelecidos (como o hino nacional e, suponho, as canções que minha mãe entoava para nós quando crianças, que são *halal*). Mesmo assim, existe a chance de ser equivocadamente atraído para a música considerada *haram*. A dança, a leitura da sorte e os amuletos — pequenos adereços que os árabes costumam usar para afastar o mal — são proibidos. Na televisão, apenas programas religiosos são permitidos, embora assistíssemos a outros tipos de conteúdo, algo que eu não mencionava na escola. A lista era longa: proibido fumar, jogar gamão, xadrez ou cartas, absolutamente proibido desenhar humanos ou animais. Esses desenhos são considerados imagens de idolatria, o que aprendi quando criança, assim que descobri minha paixão por desenhar. Não é permitido atuar em uma peça (mas fizemos isso na sala de TV com Sarah e ninguém nos repreendeu) ou escrever ficção, pois são encarados como formas de mentir. É proibido tocar música no celular e enviar flores para amigos ou parentes hospitalizados. Acredite ou não, o wahhabismo afirma que assobiar é pecado.

Eu sabia que havia muitas práticas que outros muçulmanos adotavam, como celebrar o aniversário do Profeta e usar ornamentos nas mesquitas, mas nossa interpretação wahhabi do Alcorão as proibia. "Mais não-não", eu pensava. Em outros países, as mulheres podiam dirigir, mas não na Arábia Saudita. A interpretação dos sonhos era considerada pecaminosa. Nossa professora nos disse que dissecar cadáveres, mesmo em investigações criminais e para fins de pesquisas médicas, era proibido. Mas, como naquele momento da minha vida eu não estava interessada nessa atividade, risquei esse não-não da minha lista de frustrações.

Também fomos ensinados a evitar amizades com não muçulmanos e todas as práticas culturais dos estrangeiros, como Dia dos Namorados, Dia das Mães, comemoração de aniversários ou ter um cachorro como animal de estimação. Aprendemos, inclusive, a ignorar essas celebrações, não podendo desejar aos não muçulmanos qualquer tipo de felicidades. Mais não-não. Fomos ensinados que o islã proíbe as mulheres de viajar ou trabalhar fora de casa sem a permissão do marido. O sexo extraconjugal é punível com decapitação, e a mistura livre de gêneros é proibida, assim como a mistura de muçulmanos e não muçulmanos. No islã, os ateus são vistos como hereges e podem sofrer pena de morte.

Entretanto, à medida que eu observava e questionava, acabava encontrando exceções às regras. Minha mãe era professora, mas não acho que ela precisava do consentimento do meu pai para ir à escola lecionar. Ademais, na Universidade de Ciência e Tecnologia Rei Abdullah, a mistura de muçulmanos e não muçulmanos era permitida.

Certamente, desrespeitar o código de vestimenta é um não-não para as mulheres. Os homens devem usar *thobe*, um longo manto branco, e *ghutrah*, um lenço xadrez vermelho e branco, mas a maioria dos meus conhecidos só os vestia em ocasiões especiais; geralmente eles usam roupas de estilo ocidental, como calça e paletó ou jeans. Para as mulheres, não há exceções — aos nove anos, as meninas são obrigadas a usar uma *abaya* preta, que cobre todo o corpo, exceto as mãos; aos doze, um *niqab*, que esconde o rosto. Desobedecer a essa regra acarreta uma punição severa.

Na Arábia Saudita, alguns homens ainda acham que a educação para meninas deveria ser outro não-não. Eles usam a expressão: "Deixar uma menina ir à escola é como deixar um camelo enfiar o nariz dentro da tenda — em algum momento, o animal entrará por inteiro e ocupará todo o espaço."

Além da instrução religiosa, a escola também era o lugar para ouvir algumas curiosidades sobre o Ocidente — que a vida lá era boa, que as pessoas tinham liberdade, que as meninas não eram assassinadas por fazerem coisas erradas. Fiquei realmente chocada quando soube que as garotas podiam ter namorados e passear com eles — de mãos dadas.

Desde criança, para evitar o castigo ou até mesmo a morte, aprendi a guardar segredos — a mentir, se fosse preciso. Por exemplo, aos doze anos, aconteceu algo que afetou meu pensamento e minha vida. Eu me apaixonei por uma garota. No início, senti que algo estranho estava acontecendo comigo. Minhas irmãs e todas as primas se interessavam por meninos, embora sempre estivessem separados, mas eu gostava de uma menina. Meus sentimentos faziam parte de mim e não pude reprimi-los. Lembro-me do dia em que brincávamos sozinhas no quarto dela. Eu me aproximei e a beijei. Ela retribuiu e, então, transamos, como fazem os adultos. Foi a nossa primeira experiência. Depois disso, sempre pensava em meninas e não conseguia me imaginar com um menino. Ao assistir à TV, eu nunca via duas garotas apaixonadas. Comecei a me questionar por que havia apenas casais héteros, uma pergunta que não ousei fazer. Se eu tivesse sido pega com aquela garota, as consequências teriam sido graves; todos em casa e na escola falavam sobre honra, sempre nos lembrando de que éramos "pessoas corretas".

Honra — tê-la, mantê-la, protegê-la ou perdê-la — era a história de fundo de cada parte de nossas vidas. Eu sabia que minha família mataria para proteger sua honra, para impedir a vergonha. Todas as restrições para mulheres e meninas, onde quer que estivessem — em casa ou na escola, visitando parentes ou fazendo compras —, eram impostas em prol da honra. Um fardo exclusivamente feminino. Portanto, fazer sexo com uma garota seria considerado o nível máximo da desonra escandalosa. Se eu tivesse sido pega, meus familiares poderiam ter me matado, alegando que os envergonhei, ou me obrigado a casar com algum velho que teria controle absoluto sobre mim. Felizmente, não fui descoberta.

No entanto, agucei meus sentidos. Após o incidente deplorável com Reem, não me sentia segura em casa. Eu não tinha certeza do que havia acontecido com ela, mas sabia instintivamente que poderia acontecer comigo também. Esse pressentimento pairava sobre mim como uma névoa, alastrando-se ao meu redor, mas nunca consegui identificar se era um aviso ou apenas uma consequência emocional de ter presenciado o episódio com minha irmã. Senti que havia uma ameaça silenciosa e que, se cometesse um erro, poderia acabar no mesmo hospital psiquiátrico, ou pior. Fiquei tão assustada que tive um pesadelo, no qual minha família entrava no meu quarto, via as malas ao lado da porta, me agredia e me levava embora. Eu reagia com gritos. Quando acordei, tirei todas as malas do meu quarto. Até bolsas e mochilas grandes, qualquer coisa que pudesse ser usada para viajar. Fiquei absolutamente apavorada com a possibilidade de meus pais pensarem que um dia eu fugiria como Reem havia tentado fazer. Naquela fase da minha vida, eu nunca havia cogitado essa opção.

Naquela época, comecei a adquirir uma consciência maior do papel feminino na sociedade — percepções que não me agradaram. Por mais que eu observasse e escutasse, não conseguia entender por que os homens sempre eram servidos e as mulheres sempre os serviam; quando eles chegavam em casa, elas se calavam, submissas. Os deveres e as regras ensinados eram humilhantes. E eu não conseguia entender por que eram um consenso. Por exemplo, durante festas ou reuniões familiares, as mulheres — inclusive eu, agora que tinha treze anos — cozinhavam para os homens sem nem ter permissão para acompanhá-los nas refeições. Eles comiam à vontade e iam embora. As mulheres ficavam com as sobras. Esse é um costume aceito e ainda praticado pela maioria das tribos. Um comportamento que me enfurecia, pois reforça a noção de que a mulher é inferior ao homem, que ela nem sequer tem o direito de comer uma refeição recém-preparada. E isso não é tudo. No carro, as mulheres sempre ocupavam o banco de trás. Quando éramos pequenos e viajávamos nas férias, minha mãe se sentava na frente com meu pai, mas, assim que os meninos atingiram idade suficiente, ela foi relegada para o banco de trás. As mulheres suportam esse status inferior em situações aparentemente insignificantes, talvez até irrisórias. No nosso *majlis*, a sala de estar, há sofás para os homens e almofadas no chão para as mulheres. A mensagem permeia todos os aspectos de nossas vidas: você é menos — menos valiosa; menos importante; menos útil; facilmente anulada.

Quando pequena, eu pensava que a maior diferença entre meninos e meninas era a permissão para brincar fora de casa; porém, à medida que cresci, descobri que o status inferior das mulheres era abrangente — afetava tudo, desde o que vestíamos e fazíamos até a maneira como falávamos. Lembro-me de um dia em que Fahad estava mexendo em seu iPad e comecei a provocá-lo, xingando-o como os irmãos fazem. Eu disse que ele era burro, fraco e medroso. Esse tipo de brincadeira era comum entre nós. Até usávamos palavrões que nos trariam problemas se fôssemos pegos. Quanto mais ridículo o xingamento, mais ríamos; quanto mais grosseiro, melhor era o insulto. Bem, naquele dia minha mãe nos ouviu. Era como se eu estivesse ameaçando a vida do meu irmão. Ela ficou furiosa e me deu uma bronca que jamais esqueci, dizendo que eu nunca deveria falar com ele daquela forma, pois poderia ofender sua *alrujula*, que significa "virilidade" em árabe. Ela afirmou que eu nunca deveria xingar ou agredir um menino porque isso o enfraquece. Então, como se quisesse se desculpar com Fahad, minha mãe alegou que eu era uma garota estúpida, imprestável e indecente. Suas palavras despedaçaram meu coração. Até hoje, ao me lembrar de sua voz, carregada de ódio, sinto a dor daquele dia. Fiquei tão enfurecida que retruquei: "Você não merece filhos, um marido e uma família grande como a nossa." Minha reação foi tão intensa que senti raiva até do meu irmão mais novo, que eu tanto adorava. Agora percebo que foi um sentimento descabido, pois eu não estava brava com Fahad, mas com o fato de que minha mãe estava deixando bem claro que ele era mais importante, que ela o favorecia e protegia por ser um menino. Ela me informou que as meninas precisam ouvir palavras como aquelas que marcaram a minha alma, pois a mágoa, a fraqueza e a submissão tornam uma menina bonita. Jamais esquecerei essa discussão. Está gravada na minha memória como uma cicatriz.

Na escola, como aluna do ensino fundamental, eu andava com outras garotas e gostava muito disso; porém, nas reuniões de família, preferia estar com as mulheres mais velhas. A maioria era várias décadas mais velha do que eu e se reunia em um ambiente separado dos jovens. Eu apreciava suas conversas e aprendia muito sobre nossa sociedade com as histórias, os segredos e as dicas de sobrevivência. Por exemplo, elas falavam sobre como agir quando o marido grita: "Olhe para baixo e fique quieta para que ele veja que você é uma boa mulher"; ao visitar a família dele: "Quando ele te obrigar a cozinhar e limpar, obedeça"; e quando ele chega em casa do trabalho: "Massageie-o e limpe seus pés." Absorvi essas narrativas como um remédio amargo. Os homens não fazem nada disso pelas esposas. Não há prazer, romance ou amor nesses atos; são apenas formas de servir. E, na minha jovem perspectiva, tratava-se de mulheres cumprindo seu papel de estúpidas e fracas, pois é isso que os homens querem — exatamente o que minha mãe me disse que eu precisava ser.

Elas também conversavam sobre sexo, principalmente sobre como garantir que o marido não tivesse outra esposa. Sempre pensei que era um assunto proibido, mas não era o caso entre as casadas. Elas falavam muito sobre suas vidas sexuais — o que era bom ou não na cama. Algumas riam e contavam o que apreciavam no sexo; outras reclamavam de ter que fazê-lo quando não queriam; e outras aconselhavam a fingir, para que os maridos não as traíssem e arranjassem outra esposa.

Na escola, costumávamos fofocar sobre sexo e sobre uma organização chamada Obedient Wives Club, cujo objetivo era ensinar as esposas a serem submissas aos maridos. Não acho que existam membros na Arábia Saudita, mas seu livro, chamado *Sexo Islâmico* [em tradução livre], diz às esposas como agir como "prostitutas de alto nível" para evitar que os maridos se desviem do bom caminho. Um de seus membros afirma: "Um homem casado com uma mulher tão boa ou melhor do que uma prostituta na cama não tem razão para trair. Em vez de permitir que ele peque, a mulher deve fazer tudo o que puder para satisfazer seus desejos."[3] Uma das fofocas era que a organização incentivava o sexo grupal entre um homem e todas as esposas. O livro foi proibido em vários lugares, mas era famoso.

Eu gostava de ouvir as fofocas sobre sexo, tanto na escola quanto nas rodas de conversa entre minha mãe e suas amigas, mas as informações me faziam questionar as contradições e a desordem em nossas vidas. Por que era permitido que mulheres casadas conversassem e rissem sobre sexo quando as meninas não podiam nem sequer pensar sobre isso? Além disso, nessas reuniões de família sempre havia fofoca sobre uma mulher ou garota que era má por se recusar a cozinhar diariamente para o marido, por ter um emprego, por viajar para outras cidades a trabalho, por atrair atenção para si mesma ou por rejeitar um casamento arranjado. Lembro-me de uma ocasião em que o assunto era a reivindicação feminina pelo direito de dirigir. Minha mãe comentou: "Toda mulher que deseja dirigir é uma prostituta."

Na escola, compartilhávamos essas histórias. Certo dia, alguém contou que um professor chamado Kamal Subhi afirmou que conceder às mulheres o direito de dirigir significaria "o fim da virgindade" no Reino.[4] Não entendi a alegação. Como o ato de dirigir pode tirar a virgindade? O assunto sempre girava em torno de mulheres e meninas más que deveriam ser punidas, e nunca sobre homens e meninos que faziam algo errado.

Quer estivéssemos visitando mamãe Nourah ou qualquer outra pessoa, meninos e meninas tinham que ficar separados. Essa segregação ocorria na casa de parentes, nas escolas, em locais públicos e até mesmo em nossas próprias casas. Era nosso estilo de vida, gostássemos ou não, e fazia as meninas se sentirem desconfortáveis perto dos meninos, inclusive nossos primos. Tal como a maioria das garotas na Arábia Saudita, comecei a ter medo de meus irmãos e meu pai. Eu sabia que eles tinham poder sobre mim. Não era algo que me agradava, mas a cada ano, à medida que crescia, entendia melhor as consequências de desobedecê-los, importuná-los ou me tornar o alvo de sua fúria.

Essa discrepância entre homens e mulheres (ou meninos e meninas, nesse caso), entre os relacionamentos e as regras estritas que tínhamos para tudo — desde falar baixo até agir como se cozinhar e limpar fossem as coisas mais agradáveis que uma garota poderia fazer —, tornou-se cada vez mais desconcertante para mim. Às vezes, as regras pareciam simplesmente ridículas. Por exemplo, meus primos nos visitavam com frequência, mas brincávamos em ambientes diferentes; as meninas em uma sala e os meninos em outra. Lembro-me de que um primo e uma prima, na época com nove anos, se gostavam de verdade. Ele disse à mãe que queria se casar com a prima, mas é claro que isso não lhe deu permissão para ficar no mesmo cômodo que ela. Na nossa opinião, eles eram um casal fofo, então os escondíamos atrás dos móveis ou distraíamos os adultos para que não percebessem que tínhamos dado um jeito de unir essas duas crianças de nove anos. Transformamos as regras ridículas em um jogo para enganar sabiamente os adultos, fazendo-os pensar que obedecíamos a suas ordens insensatas.

Quando criança, eu era proibida de ir a lugares públicos com minhas amigas; porém, aos treze anos, obtive permissão para visitar parentes desde que Fahad e Joud me acompanhassem. Foi assim que conheci lugares emocionantes como o *souk*, nosso mercado, sem meus pais saberem. Minhas parentes podiam sair, mas mantínhamos nosso destino em segredo. Esse gosto de liberdade alimentava a minha alma e meu espírito aventureiro. Simplesmente caminhar no parque ou sentar em um banco fazia com que eu me sentisse parte do mundo, em vez de uma prisioneira em casa. O *souk* tinha de tudo — comidas, bebidas, atividades e lojas. Lembro-me de uma vez que jantamos em um restaurante, fomos a um parque de diversões indoor e jogamos Kite Flyer, um jogo que envolvia correr, gritar e rir alto, comportamentos proibidos para as meninas da minha família. Alguns idosos nas proximidades ficaram bravos e nos disseram que não deveríamos rir e gritar na frente dos homens, mas os ignoramos. Parece algo inofensivo, mas era tão *haram* que até hoje me lembro da satisfação de quebrar essas regras.

No entanto, houve muitos quase acidentes em nossas peripécias. Certa tarde, enquanto nos divertíamos no *souk*, avistamos um amigo de Majed que parecia nos encarar. Tive receio de que ele reconhecesse Joud, cujo rosto não estava coberto por causa da idade, e percebesse que eu era uma das sete adolescentes sozinhas no local. Prendi a respiração até passarmos por ele, sabendo que, se tivesse me visto, teria contado para o meu irmão que éramos garotas más. Em outra ocasião, encontramos a polícia religiosa, que nos xingou de indecentes porque estávamos na rua sem a companhia de um homem. Na Arábia Saudita, chamar alguém de estrangeiro é muito ofensivo, então é claro que os policiais nos acusaram de parecermos estrangeiras que não têm pais para criar adequadamente as filhas. Eles ameaçaram nos prender se não fôssemos embora e, em suas palavras, "tirássemos nossos corpos imundos da rua". Os homens no *souk* também nos assediavam, agarrando-nos por trás, puxando meu *niqab* e *hijab*. Um grupo de meninos passou por nós, pressionando seus corpos contra os nossos. Eles nos chamaram de vadias e nos propuseram sexo casual, tirando dinheiro do bolso e dizendo que pagariam para se divertir com as garotas más. Um menino até agrediu uma menina porque ela estava usando sapatos de salto alto.

REBELDIA

Esses comportamentos são muito comuns quando meninos encontram meninas desacompanhadas. É assim que funciona a justiça saudita: você quebrou as regras sobre ser invisível, então pagará o preço do seu crime. Eles acham que têm todo o direito de nos assediar verbal e fisicamente e que merecemos sua grosseria e brutalidade por termos saído de casa — o nosso devido lugar. Em nossa sociedade, não há proteção contra assédio ou abuso sexual. Na verdade, acontece exatamente o oposto: as regulamentações draconianas que perpetuam a opressão da condição feminina são rigorosamente aplicadas. As mulheres tentam buscar justiça ao expor os assediadores no Twitter — com a hashtag ‏#افضح_متحرش‎, que significa #exponhaoagressor —, mas sempre são atacadas com respostas que as acusam de serem as culpadas: "Você merece isso porque não se cobriu", "Ninguém mandou sair sozinha" ou "Se tivesse ficado em casa, não teria acontecido".

Tudo ocorre em nome da religião, a verdadeira executora da Arábia Saudita: comporte-se da maneira que mandamos ou você será punido por Allah, pelo governo, pela polícia, por sua família e até por desordeiros na rua. Isso não me impedia de sair escondida com minhas amigas, pois ir a lugares públicos com meus irmãos, a única maneira aceitável de passear, era o mesmo que ser um robô — sem permissão para falar, ouvir ou mesmo pensar. No *souk*, eu não deveria dirigir a palavra ao vendedor; se tivesse uma dúvida, precisava sussurrar a pergunta no ouvido do meu irmão para que ele a fizesse para mim. Eu não tinha permissão para entregar o dinheiro ou pegar a sacola com o produto das mãos do vendedor. Mesmo em uma consulta, quando o médico questionava o motivo da visita, meu pai ou meu irmão respondia e explicava o que eu estava sentindo. O diálogo era da seguinte forma:

MÉDICO: Olá, Rahaf. O que está sentindo? Qual é a sua queixa?

MEU PAI: Ela está com dor de estômago e vomitou pela manhã.

MÉDICO: Faz quanto tempo que você está com esse incômodo?

Caso não soubesse, meu pai olhava para mim. Então, eu dizia para ele, que, por sua vez, respondia ao médico. Pode ser difícil de acreditar, mas essa é a vida de uma menina na Arábia Saudita. E, se o médico tivesse que fazer um exame físico, uma enfermeira me acompanhava enquanto ele me cobria com um lençol e posicionava o estetoscópio por baixo, mas apenas sob a supervisão do meu responsável. Não é ridículo?

Situações assim me faziam pensar que eu estava presa em um pesadelo. Quero dizer, como pode ser aceitável uma garota não ter permissão para relatar seus sintomas ao médico? Como pode ser plausível ela ter que dizer a resposta ao pai — a qual o médico consegue ouvir, é claro —, como se fosse seu porta-voz? Eu costumava refletir sobre esses acontecimentos e questionar: *Quem perdeu a sanidade, eles ou eu?* Esse tipo de comportamento inexplicável em todos os aspectos da minha vida ratificava o fato de que eu não existia, que só estava neste mundo para servir a um homem, para lavar seus pés, preparar suas refeições e ser sua escrava sexual e fábrica de bebês. Mas por que outras meninas e mulheres eram coniventes? Como Lamia, minha adorável irmã mais velha, poderia pensar que isso era certo? E quanto à minha mãe, uma mulher forte e, em tese, independente que tinha um emprego e ganhava o próprio dinheiro — como ela poderia se submeter ao que eu considerava uma grande farsa? O que os pais e os irmãos, o governo e os líderes religiosos achavam que poderia acontecer? Meu pai realmente acreditava que o médico me estupraria, ou supunha que uma garota como eu agarraria esse homem de meia-idade se ele não estivesse lá para vigiar? Não importava onde estivesse — em uma consulta médica, em um restaurante ou em uma loja —, eu não tinha permissão para usar minha própria voz.

A questão é que, com frequência, eu precisava usar minha voz em autodefesa. Certo dia, uma aluna contou às professoras que eu tinha beijado uma garota e me relacionado com outras. O boato se espalhou pela minha escola como um incêndio. Eu sabia que haveria problemas, só não sabia de que tipo. Fui chamada à diretoria, junto com as outras garotas com quem me envolvi. Fomos interrogadas, repreendidas e xingadas de nomes asquerosos como "sapatões imundas". A diretora redigiu um relatório alegando que havíamos admitido nosso erro e, então, nos mandou sumir da sua frente. Tornei-me um pária para todas as professoras, que continuavam me abordando para reforçar a desgraça que eu era e sugerir que eu pedisse perdão a Allah e começasse a viver uma vida decente. Embora a reação das outras alunas não tenha sido tão ruim, já que a maioria delas também havia ficado com outras meninas, a atitude das professoras foi cruel. Minha reputação e a de algumas garotas acabaram ficando manchadas, enquanto outras garantiam que seus relacionamentos ficassem em segredo.

A situação piorou. Depois que a diretora e a maioria do corpo docente nos repreenderam, a professora de matemática fez com que eu e as outras meninas ficássemos diante da sala, encarando nossas colegas, enquanto gritava conosco, chamando-nos de homossexuais cujos corpos queimariam no inferno. Além disso, ela nos fez assistir a um vídeo em seu computador sobre condenação e castigo eternos. Foi a coisa mais assustadora que já vi na minha vida, com cenas de pessoas em chamas, gritando e agonizando enquanto seus corpos se transformavam em cinzas. A professora repetia: "Vocês queimarão como elas." Fiquei tão perturbada que comecei a chorar copiosamente. Mesmo enquanto tentava me recompor, percebi que meu pavor e minha angústia a agradavam. Foi tão horrível que, depois de todos esses anos, as imagens ainda me assombram e tremo de medo ao me lembrar daquele vídeo.

No entanto, eu sabia muito bem que o pior ainda estava por vir. O verdadeiro terror se instalou quando, com um sorriso perverso, a diretora me disse que havia informado minha mãe, que me aguardava em casa. Desejei que o dia na escola nunca terminasse. Assisti às aulas com vontade de vomitar, tão nauseada com a expectativa do confronto que eu não conseguia nem falar. Quando fomos embora, minhas amigas tentaram me tranquilizar. Elas sugeriram que eu negasse toda a história e dissesse à minha mãe que era uma invenção, pois as professoras não gostavam de mim.

Como não avistei ninguém quando cheguei em casa, fui direto para o meu quarto e tranquei a porta, desejando uma trégua, esperando que algum outro problema tivesse acometido a família e que minha mãe se esquecesse de mim. Não passou de uma doce ilusão. Logo ela estava na minha porta, batendo como se fosse quebrá-la. Eu abri, soluçando. Minha mãe me agarrou e começou a me sufocar, chamando-me de pecadora e filha desonrosa. Estava enfurecida, puxando meu cabelo, me dando socos; chegou até a me morder. Percebi que, para minha própria segurança, precisava acalmá-la, mas quanto mais tentava argumentar, mais fortes eram os golpes. Finalmente, ela me soltou, mas foi apenas para que pudesse pegar as coisas do quarto e jogar em mim. Nesse ponto, com minha mãe gritando e eu chorando, tentei me esconder embaixo da cama. Esbravejando, ela mencionava sua reputação, a reputação da família. Percebi que tudo se resumia a manter as aparências, evitar o falatório. Se ninguém souber do seu suposto crime, talvez você seja poupado ou receba uma punição branda. Mas, se alguém souber, boa sorte. Sua morte pode ser a solução para silenciar as fofocas e resgatar a reputação da família. A honra interfere na justiça. Ao me enfiar embaixo da cama, o objetivo era distraí-la, interromper as agressões, implorar perdão, impedi-la de cometer uma loucura. Minha mãe se sentou na beirada da cama e alertou, entredentes: "O fim da sua vida pode estar próximo. Peça perdão a Allah." Então ela saiu, levando a chave da porta. Eu estava tão exausta que, quando rastejei para fora e me deitei, adormeci imediatamente. Acordei com um travesseiro no rosto. Era minha mãe quem o segurava. Estava tentando me matar ou me assustar? Não consegui decifrar, mas sabia que estava em perigo. Quando me desvencilhei e comecei a chorar, ela se virou abruptamente e foi embora.

Não saí do quarto o dia todo, nem para jantar. Quando amanheceu e ninguém me chamou, eu soube que era mais um passo para me controlar. Minha mãe anunciou que tinha me tirado da escola. Foi o início de um traiçoeiro jogo de adivinhação em que a minha vida era a moeda de troca e a fúria materna conduzia a negociação. Certa vez, enquanto eu dormia, ela entrou no meu quarto, sentou-se na minha cama, colocou uma tesoura no meu pescoço e disse: "Acorde, sua lésbica." Eu arquejei e bati o travesseiro nela. Seu rosto estava vermelho e a sua raiva era tão intensa que fiquei com medo o suficiente para implorar que me perdoasse; prometi que nunca mais a deixaria nervosa e que carregaria para sempre o fardo da dor que provoquei. Aparentemente, funcionou, pois minha mãe largou a tesoura e foi categórica: "Você não irá mais para a escola e permanecerá em casa até que um homem queira se casar com você." Respondi: "Aceito sua decisão", achando que era um bom negócio para superar aquele período.

Fiquei em casa por duas semanas. Disseram a meus irmãos que minhas notas eram tão baixas que eu não voltaria para a escola. Minha mãe e eu não nos falávamos. A única vantagem foi que ela não contou nada a meu pai sobre minha transgressão. Certa tarde, ela estava sozinha e perguntei se poderíamos conversar. A essa altura, eu estava dominada por sentimentos de rejeição, horror e arrependimento, e queria desesperadamente que tudo voltasse a ser como antes. Eu ansiava pelo perdão de minha mãe. Sentei-me ao seu lado e admiti meu deslize; supliquei por compaixão. De repente, ela se aproximou e me abraçou. Encostou minha cabeça em seu peito e, acariciando meus cabelos, disse que me perdoava porque eu era jovem e havia cometido um erro. Em seguida, anunciou que eu voltaria para a escola, mas seria uma escola diferente, longe das meninas que me levaram para o mal caminho. Fiquei ao lado dela pelo resto do dia. Apesar do perdão, eu sabia que a confiança estava perdida e que ela não me considerava uma boa menina.

A nova escola era pequena, com apenas treze meninas na minha classe. Logo fiz amizades, jurando para mim mesma e para minha mãe que ficaria longe das garotas que tinham relacionamentos homossexuais. Minha mãe estava mais severa comigo e ordenou que meus irmãos me vigiassem e me punissem se eu saísse da linha. E eles obedeceram. Tal como exigido, eu rezava cinco vezes por dia, mas, se me distraísse, mesmo que por alguns minutos, meus irmãos ameaçavam me bater. Minhas tarefas domésticas eram acompanhadas do entendimento de que, se eu não as finalizasse, enfrentaria as consequências. Escolhi limpar o jardim e o quintal, pois eram afazeres simples que envolviam ar livre e sol.

A repreensão, os ataques e a violência não eram exclusivos à minha vida. Toda garota que eu conhecia sofria uma educação semelhante. Embora meu celular fosse um objeto pessoal, após o incidente na escola, minha mãe e meus irmãos o verificavam sempre que queriam. Certa vez, minha mãe encontrou um filme pornô lésbico que eu havia baixado. Seu silêncio e sua inércia me aterrorizaram. Eu sabia o que estava por vir — ela contaria ao meu pai. Ele não se intrometia em nossa educação, a menos que fosse algo grave, como na vez em que Reem pegou sua arma e tentou fugir. Logo inferi que eu tomaria a maior surra da minha vida. Mas não aconteceu. Em vez disso, meu pai me olhou com decepção, avisou que pegaria meu celular por tempo indeterminado e saiu.

Dois meses depois, ele devolveu meu telefone quando saímos de férias para Dubai. Como eu estava seguindo todas as regras rígidas, subi no conceito da família. Mutlaq, que havia se tornado extremamente religioso e, portanto, excessivamente crítico, decidiu não nos acompanhar, pois havia muitas mulheres em Dubai que usavam roupas ocidentais e ele achava que não deveria ser exposto à sua pele nua. Minha mãe ficou em casa para cuidar de Joud e Reem, que estavam com problemas de saúde. Então, Lamia, Majed, Fahad e eu fomos com nosso pai. Eu estava ansiosa para ter uma viagem inesquecível. Foi a primeira vez que segurei meu passaporte e descobri minha data de nascimento no calendário gregoriano. De alguma forma, essa informação me empoderou.

Dubai é surpreendente: por toda parte, há bares, bebida alcoólica (proibida na Arábia Saudita) e estrangeiras de saia curta e salto alto. Por mais que eu devesse sentir repulsa por essas mulheres, fiquei com inveja. Nunca tinha pensado em abandonar minha *abaya*, mas observar aquelas garotas maquiadas, com roupas lindas e cabelos ao vento me fez considerar a ideia. Elas pareciam muito confiantes, rindo alto e conversando como se pertencessem àquele lugar e não estivessem fazendo nada de errado. Eu as fitava por uma pequena fresta em meu *niqab*. Se tivessem olhado na minha direção, mal teriam visto meus olhos. Percebi que meu pai e meus irmãos as cobiçavam — seus corpos e seios. O que Lamia pensava ao avistar aquelas mulheres? Será que queria tirar o saco preto que a envolvia e revelar sua identidade, vestindo-se como elas? Será que desejava mostrar a maquiagem em seu lindo rosto? Ou eu era a única com esses pensamentos? Decidi não perguntar. E, ao ver estrangeiras todos os dias, como se sentiam as emiradenses que moravam ali, embrulhadas em uma *abaya* como a minha? Será que se questionavam: *Por que elas e não eu? Quem decidiu que elas seriam livres e eu, invisível?*

Exceto pelo tempo que gastei registrando em minha mente mais evidências de discriminação contra meninas como eu, nos divertimos muito naquelas férias em família. Porém, no caminho de volta, fiquei curiosa sobre o que meu pai e meus irmãos pensaram ao olhar para os seios daquelas mulheres. Eu reparei na expressão que fizeram quando fitaram seus corpos; remoí esse pensamento no trajeto para casa. Havia muito a ponderar.

Quando eu estava tentando entender toda a situação e identificar o meu lugar na família, bem como neste mundo, meu pai arranjou uma segunda esposa e nosso lar praticamente desmoronou.

A notícia chegou com uma gritaria dentro de casa alguns dias depois que retornamos da viagem. Todos nós corremos para descobrir o que estava acontecendo. Minha mãe estava caída, chorando, esmurrando o chão e xingando meu pai. Então, ela se levantou e o atacou. Ele se desvencilhou com facilidade, riu de seu surto emocional e pediu que se tranquilizasse. Presumimos que era uma reação dramática a alguma discussão recente. Quando meu pai percebeu que estávamos na sala, ele se virou e saiu, dizendo: "Acalmem essa maluca." Chorando copiosamente, minha mãe olhou para nós e informou: "Seu pai terá uma segunda esposa. Eles se casarão em breve."

Na Arábia Saudita, ter várias esposas — quatro, para ser mais precisa — é permitido porque faz parte da Sharia, a lei islâmica. Essa permissão provém de uma antiga interpretação do Alcorão que foi escrita em uma época de muitas guerras e, portanto, muitas viúvas. O intuito era conceder proteção a elas, o tipo de proteção matrimonial. Então, aparentemente, o Profeta afirmou que os homens podem se casar até quatro vezes para que as mulheres não fiquem desamparadas. Na escola, aprendemos o versículo original: "Podereis desposar duas, três ou quatro das que vos aprouver, entre as mulheres. Mas, se temerdes não poder ser equitativos para com elas, casai, então, com uma só."

No entanto, há uma advertência: o marido deve tratar igualmente as esposas e compartilhar a riqueza com quantas tiver. Pode parecer bom, mas não é. A maioria dos homens da minha família tem mais de uma esposa. Eles gostam — consideram um direito —, como se estivessem de alguma forma servindo ao islã, o que, em minha opinião, é um absurdo. Eu diria que todas as mulheres odeiam. Imagine a seguinte situação: você se casa com alguém (que outra pessoa escolheu), dá à luz seus filhos, administra o lar e, então, ele escolhe outra mulher. Decide morar com ela e você deve dizer que está tudo bem. Não está. A segunda (terceira ou quarta) esposa é sempre mais jovem e leva a própria comitiva para o matrimônio — a família e, em breve, bebês que você precisa aceitar e considerar novos familiares.

Minhas irmãs e eu ficamos indignadas e nos aliamos à nossa desolada mãe, mas meus irmãos acreditavam no direito religioso de um homem e nos disseram que deveríamos nos calar e obedecer à Sharia. Eles compareceram ao casamento de meu pai, apesar das lágrimas e das súplicas de minha mãe para que a apoiassem. Achei que era egoísmo do meu pai se casar com outra mulher, mas eu já havia percebido alguns sinais — por exemplo, a maneira como agiam quando estavam juntos. Nunca havia uma demonstração de afeto — tratavam-se com respeito, mas não com amor. Por muito tempo pensei que talvez fosse algo normal no meu mundo, que era apenas o modo como os casais se comportavam. Minha mãe ficava acanhada perto do meu pai; ela não se sentava ao lado dele. Mas, ao mesmo tempo, eu via algumas mulheres mais velhas da nossa família cobrirem o rosto na frente dos maridos, então parte de mim decidiu que isso também era normal.

Além disso, minha mãe aceitava as regras que eu considerava extremamente prejudiciais às mulheres. Por exemplo, quando o direito feminino de dirigir entrou em pauta, ela atacava qualquer garota da família que cogitasse a possibilidade. Era como se estivesse tentando provar a meu pai que era uma boa esposa. Percebi que esses foram os primeiros sinais de que havia algo errado com o relacionamento. Mas por que se casar de novo agora? Talvez meu pai quisesse uma mulher mais jovem — a segunda esposa que escolheu tinha 28 anos; ele tinha 45. Ou talvez achasse que minha mãe estava focada demais em Reem, que demandava muita atenção.

O segundo casamento acarretou brigas terríveis e acusações de traição feitas por minha mãe, que refrescou a memória do meu pai, ratificando que foi ela quem comprou a casa, quitou os financiamentos dos carros e tolerou suas viagens para estudar no Egito. Tudo isso para descobrir que ele havia colocado a casa e os carros em nome dele, deixando-a sem nada. Ela esbravejava: "Fiz o impossível por você, cozinhei e recepcionei seus convidados, mesmo quando estava grávida, e é assim que me retribui."

Minhas irmãs e eu achávamos que o segundo casamento era como uma traição do meu pai. Muitas mulheres se opõem a uma segunda, terceira ou quarta esposa, mas não podem mudar a situação. Algumas mulheres da minha família chegaram a pedir o divórcio quando os maridos se casaram novamente, e minha mãe queria fazer o mesmo naquela época. Porém, meu pai, cujo consentimento era obrigatório, não permitiria.

À medida que os eventos se desenrolavam, nossa vida familiar se transformava em uma tragédia tão dramática quanto uma peça teatral, com atores magoados e ressentidos. Em suas visitas semanais, meu pai falava sobre a nova esposa abertamente — sobre sua beleza, embora achássemos minha mãe muito mais bonita, e sobre levá-la às compras e a restaurantes, como se fosse uma espécie de troféu. Ele achava que, dessa forma, desenvolveríamos uma simpatia por ela; mal sabia que só estava alimentando o nosso ódio. Meus irmãos costumavam visitá-los, o que aumentava ainda mais a tensão. E, como se tornaram os homens da casa, eles começaram a controlar nossa mãe, alegando que ela não era estável o suficiente para sair.

Durante esse período, minha mãe me deu conselhos que jamais esquecerei — sempre me certificar de ter meu próprio dinheiro, me proteger para nunca depender do meu marido. Ela disse que, não importava como fosse o casamento no início, eu nunca deveria confiar em um homem, pois ele acabaria tendo outra esposa, talvez uma terceira e até uma quarta, deixando-me sem nada. Minha mãe pediu que eu e minhas irmãs continuássemos nossos estudos e buscássemos independência financeira "porque é o único recurso para o futuro; os homens não beneficiam as mulheres". Acreditei em suas palavras, levando-as a sério enquanto experienciava minha própria vida e meus relacionamentos.

Nesse ínterim, sua situação foi um verdadeiro ensinamento sobre desonra e infidelidade. Testemunhei o colapso, a tristeza no olhar de minha mãe. Eu tentava confortá-la sempre que ela chorava e compreendia sua irritação involuntária. Ela ficou impaciente, temperamental e acabou sucumbindo à depressão. É o resultado da rejeição, que faz você se sentir desprezada, indesejável — uma velha esposa exaurida que via os filhos aceitarem a outra mulher (o que, para mim, era mais uma evidência da farsa que vivíamos), visitarem a casa que o marido comprou para ela e passarem um tempo com eles.

Embora não sejam discutidos abertamente por muitas mulheres, o segundo, o terceiro e o quarto casamentos são um assunto popular entre os clérigos lunáticos que usam seu discurso inflamado para reforçar o baixo status feminino. Um deles, Abdullah al-Mutlaq, fala regularmente sobre a bondade dos homens e a tolice das mulheres, afirmando que, se uma mulher sente raiva do marido por ter outra esposa, ela está pecando contra Allah, uma alegação muito grave em meu país.

Além disso, ele insiste que a mulher deve orar pelo homem e pela nova esposa. Certa vez, em um programa de televisão, Abdullah al-Mutlaq disse: "Todos conhecemos uma mulher que descobriu que o marido se casou e ficou louca, psicótica. Isso, meus irmãos, é *haram*."[5] Então acrescentou, como se seus conselhos sagrados fossem úteis: "Se você se sente incomodado, divorcie-se. Os homens apreciam a paz."

Opiniões como essa comprovam o quanto um homem saudita controla todos os aspectos da vida de uma mulher, desde o nascimento até a morte. Meu pai e depois meus irmãos, quando atingiram idade suficiente, eram meus responsáveis e tinham o poder de tomar qualquer decisão sobre minha vida. Para eles, sempre serei uma criança. Ao que parece, essa situação também se aplica à minha mãe, que, mesmo sendo uma profissional autossuficiente, pode ser humilhada e rejeitada, sem ter a quem recorrer. Sempre achei que ela havia escapado desse fatídico destino. Mas me enganei.

Aos quatorze anos, enfrentei algumas duras verdades. Sentia-me vulnerável, solitária. Já que não sabia o que fazer, recorri a Allah, tornando-me religiosa. Assim como em tudo o que já fiz na minha vida, me entreguei de corpo e alma. Nunca levei a sério as regras religiosas, pois não concordava com elas. Mas agora eu implorava por compreensão. Comecei a fazer as cinco orações diárias nas horas exatas, repreendendo meus familiares caso não se curvassem ao leste para rezar também. Eu estava lendo o Alcorão para responder às minhas perguntas sobre o amor conjugal e as promessas quebradas, fazendo questão de dizer aos meus irmãos que precisávamos nos aproximar de Allah e pedir perdão por nossos pecados e pelos pecados alheios. A fim de encontrar a salvação, comecei a fazer confissões a Allah, geralmente aos prantos — algo que, admito, era muito reconfortante. E, devo acrescentar, a admiração e a confiança da minha família aumentaram quando comecei a afirmar que era filha de Allah. Tornei-me tão religiosa que minha irmã e meu irmão mais novos me pediam conselhos sobre seus problemas.

Durante meses, implorei que Allah reestruturasse nossas vidas, mas nada aconteceu. Pelo contrário, a situação piorou. Meu pranto se transformou em raiva e logo minhas orações se tornaram uma ladainha de perguntas acusatórias: por que Allah prefere os homens às mulheres na vida e após a morte? Por que os homens podem ter quatro esposas e as mulheres apenas um marido? Por que as mulheres devem se cobrir com roupas pretas e os homens têm o direito de usar o que quiserem? Por que o sexo só deixa de ser *muharram* (*terminantemente* proibido, ainda mais do que *haram*) quando a mulher se torna esposa? E por que a religião considera os cães impuros? Também me enfureci com o fato de que tatuagens, design de sobrancelhas e apliques de cabelo eram *makruh* (odiados). O que Allah ganha ao proibir coisas que não prejudicam ninguém? Descobri que o Alcorão não respondia a essas perguntas. Além do mais, eu queria que Allah explicasse o ódio e a crueldade que acometeram meus familiares. Minhas confissões se transformaram em exigências de esclarecimento: como um Deus misericordioso permitia que as crianças da minha família sofressem tanto? Logo parei de rezar e perdi a esperança no poder de Allah.

Durante meu último ano no ensino fundamental, conheci um garoto da minha cidade por meio de uma rede social. Começamos a conversar online sobre arte e música, e depois passamos para o telefone, compartilhando pensamentos e segredos. Desenvolvi fortes sentimentos por ele, principalmente porque falávamos sobre coisas que eu não podia discutir com minha família. Por exemplo, eu detestava a ideia de um casamento arranjado, de ter que me casar com um homem desconhecido sem nem sequer estar apaixonada. Com esse novo amigo, eu podia expressar minhas opiniões sobre o matrimônio tradicional (da maneira que conhecia), minha fúria de que aquele seria o meu destino e meus pensamentos verdadeiramente abomináveis sobre um futuro marido ter outra esposa. Ele concordava. Nossa sintonia era tão intensa que comecei a

RAHAF MOHAMMED

cogitar a possibilidade de me sentir atraída e à vontade com um marido da mesma forma que me sentia em relação a esse menino. Nossa conexão era agradável e reconfortante. Embora eu tivesse que tomar cuidado para meus irmãos não descobrirem, meu coração palpitava de alegria com a ideia de falar com ele; eu contava os minutos até o horário da nossa ligação, ansiosa por compartilhar histórias.

Nossas mensagens e telefonemas acarretaram um relacionamento espirituoso e intelectual que se fortaleceu ao longo do tempo. Comecei a imaginar como seria fazer sexo com esse menino e disse isso a ele. Eu queria viver a experiência de me entregar a um homem que eu admirava, de quem eu gostava e pelo qual nutria sentimentos tão fortes, pois estava certa de que isso não aconteceria em um casamento arranjado. Ele ficou um pouco surpreso com minha sugestão, mas concordou em me encontrar.

Como nossa casa era imensa, havia muitos cômodos que nunca eram usados; então, certa noite, encontrei uma forma de deixá-lo entrar e o levei a uma sala escura onde poderíamos ficar sozinhos. Não houve flerte, preliminares ou sedução. Fomos direto ao ponto, atrás de um sofá. Ele me penetrou. Eu gostei. Depois, saímos na ponta dos pés para não sermos pegos e o acompanhei até a porta, fechando-a cuidadosamente. Não me arrependi, mas descobri que, embora tivesse relações com meninas e me achasse lésbica, na verdade sou bissexual.

Mantivemos nossos encontros, mas não na minha casa. Eu esperava todos dormirem e saía furtivamente, levando a chave e me certificando de retornar antes que meus irmãos acordassem para ir à mesquita fazer as orações matinais. Um dos problemas enfrentados por todas as meninas que se relacionavam com meninos era a chantagem, um pesadelo recorrente. Conheci uma garota que fugiu para a França porque o ex-namorado ameaçava contar aos pais dela sobre o sexo e postar fotos comprometedoras na internet. No meu caso, o menino sabia tudo sobre mim e minha família, até mesmo onde eu morava, o que me tornava uma possível vítima. Mas ele era um cara legal e, depois de um tempo, acabamos nos afastando.

Por mais que tivesse saído ilesa dessas peripécias, eu sabia que estava ultrapassando um limite extremamente perigoso. Se alguém descobrisse meu relacionamento com o menino, a morte seria meu destino. Apesar de ser estritamente proibido pela religião e, portanto, pela sociedade saudita, todos sabíamos que o sexo fora do casamento acontecia entre quatro paredes. Mas também ouvíamos histórias sobre pessoas que foram pegas e acabaram mortas por isso. É tudo uma questão de honra — a garota e o garoto são assassinados para limpar a reputação da família. Caso os familiares decidam perdoar a garota, ela é enviada a um dos internatos prisionais chamados Dar Al-Reaya, os piores lugares do mundo.

Às vezes designados como "centros assistenciais", os Dar Al-Reaya recebem garotas de sete a trinta anos por crimes de desobediência — por exemplo, desrespeitar o código de vestimenta, ter uma orientação sexual inaceitável ou recusar o homem escolhido pela família. Todo mundo conhece esses internatos prisionais para garotas, mas ninguém fala sobre eles. Espalhados por toda a Arábia Saudita, eles servem como um lixão no qual as famílias despejam as filhas desonrosas — muitas vezes devido a uma ofensa relacionada ao sexo, pois os crimes sexuais sempre recebem mais atenção e o maior castigo. Porém, a verdade é que a maioria das meninas nesses lugares são vítimas de estupro e abuso, geralmente cometidos por seus responsáveis, ou são ativistas que exigem mudanças.

Existem boatos sobre o que acontece nos Dar Al-Reaya: para que reflitam sobre sua rebeldia, meninas de nove anos são privadas de comida e colocadas na solitária, uma cela imunda e minúscula, infestada de ratos. E também há as infames "chicotadas às quintas-feiras": dependendo do crime, a sentença é no mínimo quarenta chicotadas — por semana. Dentro des-

REBELDIA

ses lugares, a maior preocupação é que as meninas tenham relações sexuais; caso sejam flagradas trocando carícias ou olhares, são imediatamente rotuladas como homossexuais, forçadas a usar um boné, submetidas a chicotadas adicionais ou até mesmo assassinadas.

Sair de um Dar Al-Reaya depende dos pais. Se eles quiserem a garota de volta, podem tirá-la de lá, geralmente após ela concordar em se retratar por quaisquer alegações feitas sobre o abuso físico ou sexual que sofreu do pai, da mãe ou dos irmãos. Do contrário, caso desobedeça novamente, há a ameaça de retornar a esse horrível internato prisional. Se os pais não desejarem libertar a garota, ela permanece lá até que os oficiais da prisão a juntem com um homem asqueroso que ninguém mais quis, a assassinem por cometer um crime (como fazer sexo com outra detenta) ou a enviem para a penitenciária feminina quando fizer trinta anos, que é tão terrível quanto os internatos.

Nesses lugares, há muitas meninas realmente perturbadas que necessitam de ajuda; elas precisam de atendimento psicológico, mas não o recebem. Nas escolas, sempre circulam informações que provam que os Dar Al-Reaya são depósitos de garotas furiosas, rebeldes e com transtorno mental, que choram e gritam em suas celas como animais, implorando por ajuda.

Esse tipo de boato corre solto na Arábia Saudita, mas, como estudantes, apenas cochichamos. Nenhuma de nós se atreve a conversar em voz alta sobre os internatos prisionais, pois há o medo de ser presa pela polícia religiosa e acabar em um deles, ou ser enviada pela família que deseja se livrar da filha rebelde.

Capítulo Quatro

Duras Verdades

O entusiasmo se alastrava pelo ambiente; era o último dia do ensino fundamental. A promessa do "amanhã" pairava no ar — a sensação de que, após completar as etapas iniciais, um novo mundo estava prestes a se abrir com a experiência marcante do ensino médio. Naquele dia, ao chegar à escola, eu estava ansiosa pelo evento que encerraria um período confuso e muitas vezes doloroso da minha vida.

Assim que as aulas acabaram, nos reunimos no jardim para a festa de formatura. Vestíamos uniformes escolares, mas as professoras colocaram colares de flores em volta de nossos pescoços. Fileiras de cadeiras foram dispostas em frente a um palco improvisado. De cada lado, havia cortinas para fazer com que parecesse um teatro de verdade. As mesas estavam repletas de pratos salgados e bolos, e as árvores foram decoradas.

Estava quente e ensolarado quando os portões se abriram para as mães entrarem. Os olhares se voltaram para as recém-chegadas, que carregavam presentes e flores em seu caminho até o jardim. As meninas gritavam de alegria ao identificarem suas mães e corriam para abraçá-las. Algumas choravam de orgulho ao retribuírem o abraço da filha. Fixei meu olhar no portão — onde estava a minha mãe? Provavelmente atrasada, pensei. Afinal, era a única que tinha emprego. *Ela estará aqui em breve*, assegurei a mim mesma. Posicionei-me atrás do grupo para obter uma visão ampla do ambiente, apenas no caso de minha mãe ter entrado sem que eu a visse. As meninas abriam seus presentes — pulseiras, brincos, anéis de ouro e maquiagem para comemorar a ocasião especial. Quando a diretora pediu que todas se sentassem, anunciando que a cerimônia de formatura estava prestes a começar, pensei: *Espera aí, por que a pressa? Minha mãe ainda não chegou.* Então, como o estrondo de um trovão distante, meu instinto me disse que ela não estava presa no trânsito, atribulada no trabalho ou qualquer uma das desculpas inventadas por minha mente enquanto eu encarava o portão, esperando avistar sua silhueta. Minha mãe não iria à minha formatura. Senti as lágrimas inundarem meus olhos, o nó de angústia apertar minha garganta e a dor do abandono invadir meu corpo. Eu era a única garota da classe cuja mãe não compareceria. Parecia um castigo, um aviso feito para toda a turma e todas as professoras: eu não era uma filha valorizada e amada; minha mãe sentia vergonha de mim e não queria ser vista comigo. Fiz o possível para conter as lágrimas e me dirigi à fileira das formandas, sentando-me com minhas colegas.

Assim que os diplomas foram entregues, a diretora começou a distribuir os prêmios. Sob os olhares das professoras, das alunas do sétimo ao nono ano, das mães e das irmãs, ela chamou meu nome e anunciou que eu havia ganhado um prêmio pelas melhores notas. Ninguém da minha família estava lá para me ver subir ao palco e agradecer. Ninguém. Eu estava sozinha. Durante a festa, parabenizei minhas colegas, tentando garantir que não percebessem o quão decepcionada fiquei pela ausência da minha mãe. Foi quase impossível esconder minha tristeza.

Quando cheguei em casa e minha mãe me perguntou sobre a festa, comecei a chorar, exigindo uma explicação. Como teve coragem de perder tal ocasião, deixar a filha ser a única sem ninguém na formatura para se orgulhar dela e demonstrar seu amor? Ela esclareceu que surgiu um imprevisto no trabalho, me abraçou e disse: "Vou me redimir. Comemoraremos juntas." No dia seguinte, minha mãe comprou um bolo e me presenteou com um novo celular. Fui facilmente conquistada por todo esse apreço, mas a memória de ser a única garota

RAHAF MOHAMMED

sozinha na formatura perdurou como uma ferida que cicatrizaria apenas com o tempo.

Duas semanas depois, meu irmão mais velho bateu na porta do meu quarto. Quando abri, ele começou a discursar sobre o fato de eu ter me tornado uma aluna do ensino médio, uma mulher madura. Palavras agradáveis eram incomuns em nossa relação. Agradeci e me perguntei se o elogio significava que poderíamos ser mais como um irmão e uma irmã, em vez de um responsável e uma menina. Então ele disse: "Fiquei sabendo que mamãe comprou um novo celular para você como presente de formatura. Preciso verificá-lo." Como estava acostumada com esse tipo de controle, eu sempre deletava tudo que poderia me comprometer. Porém, naquele dia, fui pega de surpresa — eu não tinha apagado a conversa com o menino com quem transei e havia fotos minhas, o que é totalmente *haram*. Senti um ardor no rosto e um formigamento na cabeça. Tentei manter a calma, sabendo que meu irmão me mataria se descobrisse o conteúdo, enquanto pensava desesperadamente em uma desculpa para não lhe entregar o celular.

Articulei: "Espere, está sem bateria." Não funcionou. Ele ordenou que eu lhe desse o celular, estendendo a mão. Senti-me encurralada e, tal como um animal, ataquei instintivamente.

REBELDIA

Lancei-me contra ele com tanta rapidez e intensidade que o peguei desprevenido — eu mesma acabei me surpreendendo. Com a força proveniente do medo abjeto, consegui empurrá-lo para fora do meu quarto e me trancar. Com a impressão de que meu irmão derrubaria a porta, eu sabia que o tempo era curto, mas esperava ter alguns minutos a mais para apagar o que precisava do meu celular. Ao som dos gritos, das palavras vis — ele me xingou de prostituta — e do baque pesado de seus punhos, deletei o material comprometedor. Então, para meu espanto, houve silêncio no corredor. Tentei escutar sua respiração, seus passos, qualquer coisa. Tinha certeza de que era um truque para me fazer abrir a porta, que ele estava se escondendo, preparando uma armadilha. Mal sabia eu que ele tinha ido à cozinha buscar um cutelo. Logo estava estilhaçando a madeira da porta do meu quarto. Felizmente, Lamia, minha irmã mais velha, foi conferir o estardalhaço. Assim que chegou, ela percebeu que eu estava em apuros e, como nossa mãe tinha saído e nosso pai estava viajando, ligou para nosso tio materno, que morava no mesmo bairro, e disse que corríamos perigo. Então pediu que nosso irmão se acalmasse, pois ele estava a caminho.

Poucos minutos depois, sucedeu-se o confronto mais bizarro possível — eu de um lado da porta e todos eles do outro. Meu irmão revelou que eu estava escondendo algo, que o ataquei e me tranquei no quarto, o que comprovava minha culpa. Então minha mãe chegou e se juntou aos inquisidores. Com uma voz tão suave e doce que mal reconheci, ela disse: "Querida Rahaf, não tenha medo. Conte-nos o que há no seu celular." Apenas respondi: "Se Mutlaq me matar por não ter lhe entregado o telefone, ele assassinará uma pessoa inocente." Para ser honesta, eu estava apavorada, tremendo e suando, mas sabia que precisava manter a razão, então decidi levantar a voz e fazer minhas próprias reclamações. "Desde o primeiro dia que ganhei este celular, vocês estão me vigiando de uma forma terrível." Esperando que sentissem um pouco de remorso, continuei o sermão: "É muito doloroso e constrangedor ter alguém sempre invadindo o meu espaço pessoal." Pedi que imaginassem o quão humilhante seria se outra pessoa verificasse seus celulares, evidenciando uma desconfiança. Ninguém respondeu, o que me deixou ainda mais angustiada. Então a voz da minha mãe rompeu o silêncio amedrontador. Ela os tranquilizou e afirmou que havia coisas mais importantes a serem feitas naquele dia. Milagrosamente, insistiu que fossem embora, decretando o fim do confronto.

Com o passar do tempo, me senti mais segura ao usar o celular, não apenas para interagir socialmente, mas também para encontrar respostas às minhas perguntas sobre as regras,

REBELDIA

a política e o tratamento das mulheres em meu país — questionamentos que, até então, continuavam sem resposta.

As férias de verão chegavam ao fim e o tão esperado semestre do ensino médio estava prestes a começar, quando minha mãe e Lamia me explicaram que as garotas do colégio são observadas por outras pessoas, que examinam sua viabilidade para o casamento. Elas me disseram que eu precisava atrair a atenção das mães, que me considerariam uma noiva em potencial para seus filhos. Na verdade, fazer com que me notassem era um objetivo que exigia beleza. Por esse motivo, fomos ao salão para clarear e alisar o meu cabelo, deixando-o mais sedoso. Depois, elas me levaram à esteticista, que aplicou a maquiagem ideal para o meu rosto e me ensinou a usá-la, deixando-me com o que chamaram de "uma linda aparência madura". Embora apreciasse o resultado, a atenção recebida e o fato de que a maquiagem agora era _halal_, o tempo todo eu me perguntava o que significava toda aquela transformação. Até mesmo a nossa aparência deve se adequar aos padrões da sociedade, para que escondamos quem somos e o que sentimos. Mais uma vez, concluí que nossos costumes eram uma farsa.

Minha família escolheu um colégio público para mim, a cerca de cinco minutos a pé de nossa casa, que incluía todas as etapas educacionais — infantil, fundamental e médio. Em 2013, após vinte anos como professora de ciências, minha mãe começou a lecionar no ensino infantil dessa escola, onde minha irmã mais nova frequentava o primeiro ano do fundamental. Quando meu irmão nos deixou lá para o início do novo semestre, tive uma sensação de solidariedade familiar. A maioria das minhas amigas também mudou para esse colégio, e tivemos a sorte de estar na mesma classe. Éramos trinta — as professoras nos chamavam de "turma mimada", pois vínhamos da mesma escola particular.

Nas escolas públicas, as regras eram mais rígidas; apesar de minhas amigas e eu sermos mais rebeldes do que as outras alunas, era o começo de uma nova aventura e eu estava animada. Quando as aulas terminaram, voltei a pé. Como minha mãe e minha irmã mais nova caminhavam até nossa casa depois da escola, o que Lamia também costumava fazer, supus que não houvesse problema. Porém, quando cheguei e comecei a contar sobre meu primeiro dia, percebi uma estranha falta de interesse. Minha mãe parecia preocupada, como se quisesse que eu parasse de falar. Então ela disse: "Seu irmão Majed está procurando por você." Imediatamente, uma onda de desespero percorreu meu corpo. Perguntei o porquê e ela explicou que ele estava com raiva por não ter me encontrado na saída do colégio. Tentei aliviar a tensão, afirmando que não havia motivo para preocupação, pois eu já estava em casa sã e salva. Ainda assim, notei a inquietação no rosto da minha mãe e soube que haveria consequências.

De repente, meu irmão chegou, ensandecido, e começou a gritar meu nome. Achei que fosse por conta da minha ousadia de voltar a pé, o que eu não considerava uma transgressão, então fui em sua direção, fingindo surpresa e espanto, e perguntei o que havia de errado. Ele me deu um tapa tão forte que quase caí. Claro, na sua imaginação, eu tinha ido a algum lugar depois da escola para fornicar com um estranho. Tentei explicar a caminhada de cinco minutos, o fato de que nossa mãe e nossa irmã haviam feito o mesmo trajeto, mas ele não quis saber e me deu um soco na boca. Como eu usava aparelho ortodôntico, a intensidade do golpe fez meus lábios sangrarem. A surra resultou em um olho roxo e uma mecha do meu cabelo em suas mãos. Bater em mim não foi suficiente: Majed pegou todos os meus pertences mais preciosos — o computador, o PlayStation, o celular e até a chave do meu quarto. Minha mãe testemunhou tudo, sem dizer uma palavra. Para mim, essa foi a traição definitiva da nossa relação de mãe e filha.

Mais tarde, ela afirmou que sentia pena de mim, que havia repreendido Majed pela atitude, explicando que caminhar até nossa casa não era um crime. Porém, como uma mãe que sempre favorecia os filhos homens, também disse a ele que eu queria me desculpar, pois agora compreendia sua preocupação. Desde que meu pai se mudou, meus irmãos mais velhos assumiram o controle da casa, até mesmo dizendo à minha mãe o que fazer e como se comportar. Percebi que, ao me defender enquanto garantia minhas desculpas, ela estava tentando fazer um pacto com o diabo. Nunca entendi o motivo da severidade de Majed, chegando a pensar que talvez fosse porque era apenas dezoito meses mais velho e sentia a necessidade de me controlar. No entanto, já que minha mãe basicamente permitiu que ele esmurrasse minha boca até sangrar, sem interferir quando confiscou meus pertences, constatei que só conseguiria recuperá-los se pedisse desculpas.

Apesar de ter devolvido as minhas coisas, Majed venceu esse confronto, pois me fez prometer que eu o esperaria na saída da escola. Ele não confiava em mulheres e meninas, principalmente adolescentes. Já que presumia que éramos todas imorais, inclusive a própria mãe e as irmãs, estava sempre desconfiado, achando que escondíamos algo, observando-nos como se fosse uma espécie de agente secreto. Mesmo com apenas dezessete anos, meu irmão tinha o direito de nos controlar. Por quê? Porque cumpria o papel exigido pela nossa sociedade — o rei de nosso pequeno feudo, o homem da casa que mandava nas mulheres, aplicando as punições cabíveis.

REBELDIA

Um estrangeiro poderia até achar essa farsa engraçada, mas vivenciá-la não era nada cômico. É aterrorizante e opressor ser vigiado por alguém que o obriga a viver uma mentira.

Durante aqueles anos, a política do meu país era um grito de alerta. Fomos ensinados que a Arábia Saudita era tão maravilhosa que parecia o paraíso. Sabíamos que era uma monarquia absoluta, o que significava que o rei tinha poder sobre o Estado e o governo; em outras palavras, ele controlava tudo, desde a constituição até as leis, e não devia satisfações a ninguém. Eu me perguntava como essa situação era favorável. Também aprendi, na verdade tive que memorizar, que nosso país era um dos mais jovens do mundo, fundado em 1932 pela Casa de Saud — poderosos homens tribais descendentes de Muhammad bin Saud, que estabeleceu o Emirado de Diriyah em 1744 e unificou muitos Estados da Península Arábica para libertá-los do domínio otomano.

Como eu queria saber mais detalhes sobre nosso estilo de vida, comecei a usar a internet para acessar livros e artigos proibidos, constatando que, de 149 países, a Arábia Saudita ocupa o 141º lugar no Índice de Diferenças Globais entre Gêneros. Somos um dos lugares que mais violam direitos humanos no mundo e temos as regras mais draconianas para as mulheres. Enquanto o rei e os príncipes aparecem nos jornais e na televisão ao lado de presidentes e primeiros-ministros, as mulheres e meninas sauditas vivem sob constante ameaça. Em minhas leituras online, descobri que o Reino foi instituído sem qualquer consideração às mulheres precursoras — a esposa do Profeta, por exemplo, tinha negócios próprios. Em vez disso, adotou-se a forma puritana de islamismo sunita chamada wahhabismo.

Embora as regras sejam contestadas por mulheres que tentam promover reformas, o progresso é dolorosamente lento, pois as leis não são codificadas e a jurisprudência é definida pelos caprichos e pontos de vista masculinos. Apedrejamento, amputação e chicotadas são as punições aplicadas para tudo, desde assassinato e bruxaria até flerte e roubo. Práticas homossexuais acarretam pena de morte. O "olho por olho" é literalmente adotado — o culpado tem o olho removido cirurgicamente. Nos julgamentos, não existe júri e é rara a presença de advogados. Além disso, a presunção de culpa é acompanhada de tortura para aqueles que não confessam.

Quando eu estava no ensino médio, falava-se muito sobre reformas. Certamente, o país tinha um longo caminho a percorrer: embora tivéssemos permissão para frequentar a escola e a universidade (ao contrário de algumas de nossas mães e avós), ainda dependíamos de um responsável — pai, marido, irmão ou filho — que controlava todos os nossos passos. Segundo o Reino, as restrições femininas estavam sendo atenuadas: o casamento forçado tornou-se ilegal em 2005; uma mulher assumiu o cargo de ministra do governo em 2009; as sauditas foram autorizadas a competir nos Jogos Olímpicos a partir de 2012; e o direito de voto nos foi concedido em 2015.

A grade curricular do meu colégio incluía matemática, biologia, química, física e jurisprudência islâmica — ou seja, o estudo das interpretações do Alcorão, que sempre abordavam os comportamentos exigidos da mulher. Quando a professora advertiu: "Nunca diga não ao seu marido", perguntei o motivo. A resposta foi nos fazer encenar uma peça sobre a vestimenta feminina, na qual a boa menina se escondia sob roupas disformes, enquanto a garota perversa, que usava jeans e camiseta, tentava seduzir os homens. Questionei por que os homens não precisavam usar *hijab* ou se cobrir. Porém, como nunca éramos encorajadas ao pensamento crítico, a professora me aconselhou a não contestar as regras, pois Allah sabia de tudo. E alertou que esse tipo de pergunta levava ao ateísmo, um crime passível de prisão. Para reforçar o argumento, ela disse que os defensores do ateísmo eram condenados à morte. Mas eu não conseguia evitar — as regras simplesmente não condiziam com a realidade. Por exemplo, embora ir ao cinema fosse proibido, eu assistia à Netflix e devorava os filmes norte-

-americanos, desejando ter aqueles estilos de vida que conhecia pela tela do meu computador.

Minha leitura ilegal na internet também levou a informações sobre a Casa de Saud. O rei, Mohammed bin Salman bin Abdulaziz Al Saud, tem um patrimônio pessoal estimado em US$17 bilhões. A família real é composta de 15 mil membros e cerca de 2 mil deles desempenham papéis essenciais. Seu patrimônio líquido é estimado em US$1,4 trilhão, o que a torna a linhagem mais rica do mundo. Os integrantes da casta superior recebem o título de "príncipe" ou "princesa"; os da casta inferior são chamados de "alteza real".

Na escola, costumávamos fofocar sobre eles. Muitos membros da realeza têm quatro esposas, mas, como podem se divorciar à vontade, os nomes delas sempre mudam. Tentávamos adivinhar quem ascenderia ao poder, qual esposa seria trocada, presa ou até morta. Também comentávamos sobre as lojas que elas frequentavam e o que compravam. O estilo de vida da família real é luxuoso — residências de mármore com obras de arte multimilionárias compradas em leilão; poltronas e iates com detalhes em ouro; propriedades na Arábia Saudita; casas no Reino Unido; castelos na França; e palacetes na Suíça e no Marrocos. Porém, como tudo em meu país, essas regalias são exclusivas dos homens. Suas esposas, mães, irmãs, filhas e amantes não desfrutam da mesma sorte. As regras que me restringiam, uma mera estudante do ensino médio, também se aplicavam a elas. Sem a permissão de um responsável do sexo masculino, as mulheres sauditas não podem praticar atos simples, como solicitar um passaporte, viajar para o exterior, casar, abrir uma conta bancária, iniciar um negócio e fazer uma cirurgia eletiva. Na internet, eu li que esse sistema de tutela tornou a Arábia Saudita o país com a maior desigualdade de gênero no Oriente Médio. Até mesmo acessar as redes sociais exige permissão. Desobedecer significa a morte. Os crimes de honra integram o código religioso.

O aplicativo Absher faz parte do que os homens chamam de tutela. Eu chamo de abuso. Não é à toa que usamos nomes falsos online e inventamos maneiras elaboradas de sair furtivamente de casa — ou, no meu caso, de deixar alguém entrar.

Eu costumava ver fotos das princesas reais interagindo com outras mulheres em jantares oficiais; enquanto as estrangeiras usavam vestidos belíssimos, as sauditas cobriam-se com suas *abayas*. Só poderiam ostentar suas fabulosas roupas se estivessem fora do país. Como se sentiam ao olhar, mas não tocar, ao querer, mas não ter, ao admirar à distância? As princesas não ousavam adotar esse estilo de vida na Arábia Saudita.

Se o fizessem, poderiam ser consideradas desobedientes, um crime punível com o aprisionamento nos Dar Al-Reaya.

Riade e Jidá são lugares muito diferentes de Ha'il, onde eu morava. Neles, as mulheres podem usar *abayas* coloridas, há música tocando em algumas cafeterias e a *mutaween* não domina as ruas. Nunca fomos ao cinema em Ha'il, um passatempo que, em Riade, é permitido tanto para homens quanto para mulheres; minha amiga que morava lá conseguiu assistir ao filme norte-americano *Pantera Negra*.

Mesmo assim, ninguém na capital ousa criticar o governo ou questionar a violação de direitos humanos. Os restaurantes ainda são segregados, mas há shows de rap frequentados por homens e mulheres, desde que mantenham um metro de distância. As mulheres têm mais liberdade, com certeza. Algumas até possuem negócios próprios. Entretanto, na época em que eu estava no ensino médio, elas representavam apenas 5,5% da população feminina saudita de 4,7 milhões. Nenhuma dessas reformas acontecia na minha cidade.

Após meu primeiro ano no ensino médio, ocupei minhas férias de verão com eventos habituais — casamentos de família e confraternizações de vizinhos e parentes. Assim como qualquer outra adolescente em busca de respostas, eu passava muito tempo sozinha no meu quarto, usando o celular para perscrutar as redes sociais, fazer conexões e conhecer pessoas. Embora tivessem morado na Arábia Saudita a vida toda, muitos desses novos amigos eram desconhecidos, com ideias inimagináveis para mim. Na internet, meninos e meninas conversavam muito sobre bebidas alcoólicas, drogas e sexo. Era chocante o fato de que as garotas online usavam roupas sensuais, saias curtas e blusas transparentes. Apesar de toda essa situação me impressionar, acabei conseguindo responder a algumas das minhas perguntas: aparentemente, eu não era a única que escondia as práticas sexuais. Comecei a me perguntar quantas sauditas eram realmente parecidas com aquelas garotas da internet. Elas preferiam ocultar seu comportamento ou apenas o faziam por causa das regras impostas? Tudo isso trazia à tona a desprezível farsa que enredava nossa sociedade: você pode fazer o que quiser, contanto que mantenha a conduta em segredo.

Nessas investigações online, deparei-me com uma lista de livros proibidos na Arábia Saudita, bem como na maioria dos países do Oriente Médio. O responsável pela publicação afirmava que alguns dos autores foram assassinados, pois seus escritos contrariavam o Estado e a religião. Além de vetar filmes e livros, o governo saudita bloqueia muitos sites, então comecei a pesquisar uma forma de acessá-los. Acabei conseguindo, mas confesso que, embora minha curiosidade fosse enorme, hesitei por alguns instantes. E se minhas concepções mudassem radicalmente? E se eu me tornasse um daqueles escritores com os quais me identificava — compartilhando minhas opiniões, tendo minhas palavras censuradas ou sendo expulsa do país? Como mulheres, fomos condicionadas a ter um pensamento uniforme, a nunca questionar a autoridade, a respeitar as regras dos costumes e da religião. Abrir-me a novas ideias, a novos pontos de vista, me assustava um pouco. Mas eu estava desesperada para expandir minha mente, para encontrar respostas às perguntas que me atormentavam desde criança. Então, decidi baixar os livros e filmes proibidos e explorar os sites bloqueados pelo governo saudita.

Um desses livros ilegais era *A Verdade Ausente* [em tradução livre], de Farag Foda. Ele esclarece que a maioria dos costumes vigentes se baseou em relatos históricos da tradição oral. Ou seja, esses costumes são tão distorcidos e incondizentes com a atualidade que precisam ser questionados. Também me interessei por seus comentários sobre os extremistas islâmicos, que defendem a influência do islã na política e usam a intimidação e a distorção para controlar o povo. Nas palavras do autor: "Eles buscam o poder político, não o paraíso ou a salvação espiritual."

Farag Foda também afirma: "Como muçulmanos, não devemos ser aterrorizados por representantes autoproclamados do islã, pois ele só concede santidade ao Profeta." No final da introdução de *A Verdade Ausente,* ele diz que os islâmicos violentos devem saber que "o futuro só é possível com a educação, não com a espada; com o trabalho, não com o retrocesso; com a razão, não com a vida dervixe; com a lógica, não com tiros; e, o mais importante, devem conhecer a verdade que lhes passou despercebida — eles não estão sozinhos na comunidade muçulmana".[6]

Então, descobri que, em junho de 1992, dois membros da Jihad Islâmica assassinaram Farag Foda a tiros enquanto ele saía de seu escritório com o filho de quinze anos. O escritor tinha 47 anos e seu crime foi expressar sua opinião. Essa informação me fez concluir que o mal está vencendo o bem.

Lembro-me do dia em que encontrei outro livro ilegal na internet, *A Face Oculta de Eva: As mulheres do mundo árabe,* de Nawal El Saadawi, que li várias vezes. A autora escreve:[7]

> Todas as crianças que nascem saudáveis se consideram seres humanos completos. Isso, entretanto, não acontece com a criança do sexo feminino.
>
> Desde o momento em que ela nasce e mesmo antes de aprender a pronunciar palavras, a maneira como as pessoas a fitam, a expressão em seus rostos e seus olhares indicam, de alguma forma, que ela é "incom-

pleta" ou que há "algo faltando". Desde o dia de seu nascimento até o momento de sua morte, uma pergunta continuará a assombrá-la: "Por quê?" Por que é dada preferência ao irmão, apesar de serem iguais ou de ela ser até mesmo superior a ele em muitos aspectos, ou pelo menos em alguns?

A primeira agressão vivenciada pela criança do sexo feminino na sociedade é o sentimento de que as pessoas não acolhem sua vinda ao mundo. Em algumas famílias, e principalmente nas áreas rurais, essa "frieza" pode ir ainda mais longe, moldando um ambiente de depressão e tristeza ou mesmo acarretando a punição da mãe com insultos, ataques ou divórcio.

Era como se ela estivesse se referindo a mim, captando meus pensamentos e sentimentos, a verdade em minha vida. Ao continuar a leitura, comecei a compreender que havia algo grotescamente inadequado na minha criação. A autora afirma: "Somos todos produtos de nossa vida econômica, social e política, bem como de nossa educação." E acrescenta: "Atualmente, em todo o mundo, só existe uma revolta contra o feminismo por causa do ressurgimento das religiões... presenciamos um movimento fundamentalista global e religioso."

Nawal El Saadawi também escreveu o livro *Women and Sex* [sem publicação no Brasil], que me apresentou o conceito

REBELDIA

de misoginia, um termo que eu não conhecia. Basicamente, significa ódio às mulheres. Quanto mais eu lia na internet, mais percebia que a religião e as ferramentas políticas do meu país se baseavam na noção de que mulheres e meninas deveriam ser estritamente controladas para que seu verdadeiro eu não escapasse dos confins da *abaya* e do *niqab* e ferisse a egocêntrica sensibilidade masculina. O que é o crime de honra senão a misoginia? O que é o casamento infantil? O que é negar às meninas o direito de falar com os homens senão a fúria reprimida do que elas realmente poderiam fazer se expressassem suas opiniões? E quanto ao fato de os homens terem quatro esposas e as mulheres apenas um marido — o que é essa discrepância senão uma profunda marginalização?

Nawal El Saadawi também aborda a mutilação genital feminina, um assunto sobre o qual eu não tinha muito conhecimento. Apesar de meu país cometer muitas atrocidades contra as garotas em nome da religião e dos costumes, fui poupada desse terrível sofrimento. Infelizmente, nem todas têm essa sorte — a mutilação genital feminina é praticada por algumas tribos no sul da Arábia Saudita. Quase nunca falávamos sobre isso, mas sabíamos que era um rito de passagem da infância à vida adulta — quando as meninas atingem cerca de cinco anos, sua genitália externa é removida com uma navalha para que se tornem mulheres. Se não morrer por hemorragia, choque ou infecção, a vítima enfrentará infindáveis problemas médicos causados por esse ato cruel. Alguns afirmam que é uma exigência religiosa, mas não é. Embora seja ilegal na Arábia Saudita, a prática ainda acontece, pois as pessoas acham que é o melhor para as meninas. Certo dia, na minha escola, ao dizer que tinha curiosidade de beijar um menino, uma garota recebeu a seguinte resposta da colega: "Tomara que você seja circuncidada, sua indecente!"

Nawal El Saadawi entremeia religião, sexo e política de uma forma tão perspicaz que passei a considerá-los um golpe triplo, uma combinação de ataques a mulheres e meninas, o que mudou radicalmente a minha perspectiva. Também adquiri o entendimento de que se manifestar e exigir reformas têm o seu preço. Saadawi perdeu o emprego e foi presa por escrever. Uma de suas histórias pessoais me chamou a atenção — enquanto estava na prisão, ela usou um lápis de sobrancelha e um rolo de papel higiênico para registrar sua terrível experiência, publicando o resultado no livro *Memoirs from the Women's Prison* [sem publicação no Brasil]. Sob ameaça, a autora precisou fugir do Egito, sua terra natal, para os Estados Unidos. Admirei tamanha coragem e comecei a ponderar minha capacidade de seguir seu exemplo.

REBELDIA

Eu não era a única. Naquela época, muitas das minhas amizades nas redes sociais tinham o mesmo pensamento. R era uma delas. Seu sonho consistia em morar na Grã-Bretanha com o namorado libanês, um plano totalmente inviável devido aos nossos costumes e religião. Ela compartilhava sua indignação com essas injustiças, alegando que as regras não deveriam se aplicar a quem não acreditava em Allah. Em sua vida aparente, R, a rebelde online, estudava em uma escola religiosa, usava roupas pretas, fazia discursos e ministrava palestras islâmicas para garotas. Ela era a personificação da religiosidade. Nenhum de seus familiares ou amigos suspeitava que o *niqab* era apenas um artifício para mascarar sua verdadeira essência. Mais uma vez, pensei: *Quantas meninas agem como R, escondendo quem realmente são? Quantas delas fingem devoção? Quantas realmente vivem da forma que desejam?*

Na escola, tal como muitas das alunas, voltei a namorar garotas, quebrando a promessa solene que fiz à minha mãe. Para as adolescentes na Arábia Saudita, o sexo lésbico não é incomum. Transar fora do casamento, seja com quem for, pode levar à morte por crime de honra, mas as famílias tendem a perdoar quando envolve duas garotas. É mais provável que elas sejam humilhadas e punidas de outras maneiras.

Eu tinha uma má reputação entre minhas colegas, pois saía com muitas garotas ao mesmo tempo, mas não sentia remorso ou arrependimento. Minhas amigas e eu conversávamos sincera e abertamente sobre assuntos proibidos, como o desejo de tirar o véu (*hijab*), ir a festas, viajar, fazer sexo. A diferença entre nós era que, apesar das vontades, elas se prendiam aos costumes e à religião, enquanto eu buscava o que queria, geralmente encontrando na internet.

Por dia, tínhamos sete aulas de 45 minutos cada. As regras escolares que exigiam o uso de saia longa, blusas folgadas, maquiagem discreta, cabelos compridos e *abaya* preta costumavam ser a fonte de minhas transgressões. A diretora da escola era severa. Se qualquer garota desrespeitasse uma regra ou chegasse atrasada, a punição aplicada era ficar do lado de fora por quase uma hora sob o sol escaldante ou o frio congelante. Passei um bom tempo de castigo, olhando para a parede, pois desafiava as regras e exigia explicações que nunca obtinha.

O problema era que, a cada uma das minhas altercações ou violações, a diretora avisava a minha mãe. Era algo muito constrangedor para ela, especialmente porque era conhecida por ser uma boa professora e uma rígida disciplinadora. Como se não bastasse, minha irmã mais velha estudava na mesma escola, e as professoras sempre nos comparavam — a degenerada e a devota. Ao contrário de mim, Lamia nunca quebrava as regras ou discutia com professoras e alunas. Embora eu insistisse que éramos pessoas diferentes, as professoras argumentavam que vivíamos na mesma casa e recebíamos a mesma criação. Eu ignorava, preferindo me manter em silêncio. A verdade é que Lamia e eu não apenas tínhamos personalidades distintas, mas pensamentos, crenças e desejos muito divergentes. Mesmo aos sete anos de idade, essas diferenças faziam com que eu me sentisse sozinha, sem ninguém para me apoiar.

Essas tentativas de questionar as regras geraram outro conflito com minha mãe. Suas respostas às minhas dúvidas eram do tipo: "Suas irmãs não são assim. Qual é o seu problema?" Se eu precisasse de dinheiro para comprar algo, ela dizia: "Só lhe darei quando você for normal." Então eu pedia ao meu pai e ele simplesmente cedia. Mas até mesmo minhas amigas se afastaram devido à minha persistência em perguntar sobre amor e sexo, mulheres e religião. Como tudo isso era *haram*, acho que elas tinham medo de sofrer uma lavagem cerebral e decidiram evitar minhas críticas constantes ao nosso estilo de vida.

As palavras de Nawal El Saadawi tocavam a minha alma. "Quando criança, eu sentia que havia algo de errado no mundo ao meu redor, na minha família, na escola, nas ruas. Esse sentimento também se aplicava ao modo como a sociedade me tratava." E admitiu ter ficado furiosa quando sua avó disse: "Um menino vale pelo menos quinze meninas, pois meninas são uma praga." Eu me identificava com tudo que ela escrevia.

Minha pesquisa na internet revelou que a Arábia Saudita é o país que mais restringe a liberdade feminina em questões como viajar e obter um passaporte. Também descobri que nenhum outro lugar exige que um responsável controle tudo, desde onde vamos até com quem nos casamos. Certamente, no meu país, essas imposições tornam a violência contra as mulheres uma tradição. E marcar uma consulta médica é outra farsa, já que é o seu pai quem fala por você.

Além disso, constatei que, como a Sharia é a lei soberana em nosso país, não temos direito de família, o que faz o divórcio ser mais acessível para os homens. Exceto no caso da família real, divorciar-se é algo raro, um processo muito mais complexo e dispendioso para as mulheres. É exigida a devolução do dote recebido e a comprovação de maus-tratos — requisitos praticamente inviáveis, já que são os homens que controlam tudo. Como se não bastasse, a mulher não tem o direito de ser a guardiã legal dos filhos. Ela pode ter a custódia, mas, aos sete anos, as meninas se tornam responsabilidade do pai e, aos nove, os meninos podem decidir com quem desejam morar. Em relação à herança, a mulher tem direito a apenas metade do que um herdeiro do sexo masculino recebe.

As regras são infinitas. Uma saudita não pode estudar no exterior sem que seu responsável a acompanhe. Caso uma mulher seja presa e cumpra a pena, ela só pode sair se um responsável for buscá-la; do contrário, permanece lá.

Em fevereiro de 2016, enquanto navegava nas redes sociais, um perfil no Path (um aplicativo que usamos semelhante ao Facebook) me chamou a atenção. A foto da garota parecia familiar, ela morava na mesma cidade que eu e, embora não a conhecesse, fiquei interessada. Enviei uma solicitação de amizade e esperei que aceitasse. Ela me adicionou um dia depois. As conversas subsequentes esclareceram os pormenores e descobri que estudávamos na mesma escola. Trocamos números de telefone e começamos a conversar. Depois de um tempo, toquei no assunto de relacionamentos sexuais, pois queria saber o que ela achava sobre duas garotas. Naquele momento, eu não estava sugerindo que ficássemos; só queria saber sua opinião. Bem, ela disse que preferia meninas do que meninos, mas também salientou que seu comportamento em público era o mais discreto possível. Quando nos conhecemos pessoalmente na escola, percebi que ela era tímida, quieta e obediente às regras. Durante todo o semestre, continuamos a conversar como amigas, e não como namoradas. Em julho de 2016, ela disse que desejava ficar comigo. Eu estava namorando outra garota, mas havia algo nessa nova amiga que me fazia estimar nossa relação — não conseguia imaginar minha vida sem ela. Apesar dos muitos relacionamentos lésbicos que tive, sempre existiu a triste verdade de que, em algum momento, eu seria obrigada a me casar de acordo com os costumes, deixando as garotas com quem namorei no passado. Dessa vez era diferente. Comecei a me perguntar como poderia contornar as exigências e as leis do meu país.

Esses pensamentos me inquietaram até o fim do ano letivo. Durante as férias de verão, precisei me dedicar à minha mãe, que parecia ter perdido seu lado dominador e se tornado pateticamente vulnerável depois que meu pai foi morar com a segunda esposa. Ela até tentava melhorar meu comportamento na escola com presentes, doces e carinho. Eu conseguia perceber a sua expressão de constrangimento quando a diretora ligava para contar que discuti com uma professora ou uma aluna, que matei aula ou que desrespeitei uma regra (como subir minha saia para deixá-la mais curta). Minha mãe tinha que se desculpar por minhas atitudes, e sua vergonha me magoava. Eu sabia que meu comportamento era típico de

REBELDIA

adolescentes rebeldes, mas comecei a entender que ela não merecia pagar um preço tão alto por minhas ações, dada sua infelicidade desde que meu pai partiu seu coração.

Naquele verão, fomos a Meca para fazer o *hajj*, a peregrinação religiosa imposta pelo Profeta a todo muçulmano saudável que tenha condições financeiras de realizá-la pelo menos uma vez na vida. Ela ocorre do 8º ao 12º dia do último mês do calendário islâmico. A *umrah*, uma versão curta do *hajj*, pode ser realizada em qualquer época do ano, com duração de horas em vez de dias. Os objetivos de ambas as peregrinações são: provar que você se submete a Deus — Allah —; demonstrar solidariedade entre as pessoas de fé muçulmana; e purificar a alma dos pecados cometidos no passado.

Apesar de já saber que era ateia, sem qualquer nível de fé, senti que não podia recusar a viagem com a família. Assim que chegamos a Meca, os rituais incluíam lavar nossos corpos, cortar um pedaço dos cabelos e das unhas e entrar descalços na Mesquita Sagrada Al Masjid al-Haram. Eu já tinha passado por esse processo, mas agora, como uma descrente, era muito curioso perceber que a mente podia ser cegamente religiosa ou brilhantemente analítica diante da visão do cubo preto conhecido como *kabba*, a casa de Allah. É preciso abdicar da lógica para compreender o sagrado. Milhões de pessoas de todo o mundo viajam para tocar e beijar essa caixa preta. Começamos a caminhada exigida — sete voltas ao redor do *kabba*. É um simbolismo da história de como, em um calor escaldante, a esposa do Profeta percorreu o caminho entre as montanhas sete vezes em busca de água para o filho enquanto o marido servia a Allah. O *Hadith* afirma que, quando o bebê Ismail chorou e esfregou os pés no chão, a água começou a fluir da montanha — e continuará até o Dia do Julgamento. O circuito de caminhada e oração demora cerca de três horas. Um ótimo exercício aeróbico.

Depois, descansamos no hotel em Meca e seguimos para Jidá a fim de aproveitar o restante da viagem.

No final das férias, convenci minha família de que devíamos adotar um gato. Nunca havíamos tido um animal de estimação e, embora cães sejam proibidos (são *haram*), achei que um gato seria aceitável. Durante a visita de meu pai, mencionei a ideia e ele concordou em ir comigo e com Lamia ao abrigo de animais. Acho que minha irmã nos acompanhou apenas para me supervisionar, preocupada que eu escolhesse um gato muito grande, muito assustador ou muito arisco. Assim que chegamos ao local, o mesmo animal nos chamou a atenção — uma linda gata caramelo, tranquila, dócil e com pelos sedosos. Eu a chamei de Sasha. Todos se apaixonaram por ela.

Naquele verão, uma campanha no Twitter exigia que o governo "abandonasse a regra do sistema de tutela". A ação deu origem ao slogan #IAmMyOwnGuardian [#EuSouResponsávelPorMim, em tradução livre], muito popular entre as mulheres sauditas. Não participei no início, mas acompanhei as reivindicações. Mais de 2.500 mulheres enviaram petições ao rei demandando o fim da tutela. O abaixo-assinado que circulava no Twitter obteve 14.682 assinaturas.[8] O manifesto era direto: "As mulheres devem ser tratadas como cidadãs plenas." Hesitei em assinar, pois tinha medo de que meus irmãos vissem meu nome, mas eu queria muito fazer parte dessa luta, então, durante a terceira semana da campanha, usei um pseudônimo e uma conta de e-mail alternativa para adicionar meu voto. Ao clicar em "confirmar", uma onda de empoderamento invadiu meu corpo — finalmente estava agindo para mudar as regras injustas que eu tanto abominava.

Assim como muitas meninas sauditas, minha namorada viajou com a família durante as férias de verão; ela preenchia as horas vagas com estudo, mas eu sabia que voltaria a tempo para o início do ano letivo. Nosso relacionamento era diferente de qualquer outro. Ela me deixava à vontade, aceitava quem eu era, sem nunca me julgar. De forma semelhante ao meu caso, ela confessou que não gostava de rezar e que apenas fingia para a família. Eu fazia o mesmo. Tive receio de dizer que era ateia, mas, quando perguntei sobre sua crença na existência de Deus, ela respondeu que a religião não era uma convicção. Então comecei a compartilhar as informações que encontrava na internet. Tivemos várias conversas sobre as orações e as exigências impostas e acabamos concordando que se tratavam de aspectos inverossímeis.

Eu me tornava cada vez mais dependente desse relacionamento. Não queria perdê-la, mas não estávamos totalmente comprometidas. Ter alguém que conhecesse minha verdade e, ainda assim, gostasse de mim era uma dádiva sem precedentes. Eu escondia minha ideia de sair da Arábia Saudita, mas, como ela já tinha visitado os Estados Unidos, aproveitei a oportunidade para fazer perguntas sobre sua experiência — como eram as leis e o estilo de vida. Ela me mostrou as fotos e permitiu que eu lesse seu diário. Apesar de estar em outro país, minha namorada era obrigada pela família a usar *abaya* e *niqab*, era proibida de sair sem vesti-los.

Embora a Arábia Saudita afirme que o racismo é ilegal, ele acontece de forma recorrente em todos os lugares — no local de trabalho, nas lojas e nas escolas. O antissemitismo é comum até mesmo na mídia. Os negros e os africanos são comumente submetidos à linguagem depreciativa e à zombaria descarada. Eles sofrem um nítido desrespeito. Na televisão, as séries de comédia praticam o *blackface* livremente e retratam os negros como preguiçosos, estúpidos e adeptos de feitiçaria. No meu país, há muitos julgamentos sobre quem é a sua família, qual é a cor da sua pele, como você usa o seu cabelo. Muitas das minhas colegas perpetravam insultos raciais e religiosos, o que me fazia questionar: como eu seria tratada se não correspondesse à concepção de "decente", "bonita" e "bem-sucedida"? Certo dia, em fevereiro de 2017, me olhei no espelho após o banho e me perguntei quem eu seria se cortasse o cabelo. Será que minha família, minhas amigas e a sociedade ainda me aceitariam se ele fosse curto? Sem pensar duas vezes, peguei uma tesoura e comecei a cortá-lo. À medida que minhas longas mechas caíam na pia, minha audácia aumentava e meu cabelo ficava cada vez mais curto. Ao terminar, senti uma onda de liberdade. *Esta sou eu! É assim que desejo ser. Não sou apenas um exemplo superficial da minha sociedade. Eu sou Rahaf!*

Admito que o novo visual ficou impactante e que não fiz um excelente trabalho. Convenci Fahad a me acompanhar até o salão, onde a cabeleireira precisou encurtar ainda mais meu cabelo para arrumar o corte. Eu sabia que, em algum momento, precisaria revelar a peripécia aos meus familiares, mas, como estava frio, resolvi adiar usando um gorro.

Como minha família estava ocupada com os preparativos do casamento de Lamia, consegui escapar de seu julgamento por um tempo. Ela se casaria com um homem da nossa cidade, cujos irmãos mais novos eram amigos dos meus. Minha irmã não o conhecia pessoalmente, mas concordou com o matrimônio arranjado por meu pai. Ambas as famílias marcaram de se encontrar no The Farm, um famoso local fora de Ha'il, onde passaríamos a noite. Eu queria contar a Lamia sobre o meu cabelo antes de irmos, mas não tive a oportunidade. Quando chegamos lá, chamei-a ao meu quarto e expliquei o que tinha feito. Mesmo que tenha sido clara ao dizer "cortei o cabelo", ela não conseguia acreditar e me pediu que mostrasse o resultado. Assim que tirei o gorro, minha irmã começou a chorar, deu um tapa no meu rosto, arranhou meu pescoço e chamou nossa mãe. Óbvio que apanhei. Por quê? Porque as duas estavam com medo de que meu cabelo curto estragasse o casamento. Tentei convencê-las de que não era o fim do mundo, pois ele cresceria novamente. Elas acabaram me arranjando um turbante e me proibiram de tirá-lo.

Entretanto, a ladainha em torno do meu cabelo curto não se limitou ao planejamento da festa. Era como se eu esti-

REBELDIA

vesse em prisão domiciliar — sem sair para ir à escola ou mesmo para dar uma volta no jardim. Fui obrigada a ficar em meu quarto para que ninguém me visse, principalmente meus irmãos, que enlouqueceriam se descobrissem essa transgressão. Minha mãe e minha irmã esperavam que eu me escondesse como uma foragida até que meu cabelo crescesse. Desesperada para sair de casa e voltar à escola, convenci minha mãe de que o cabelo curto não pioraria a situação, pois minha reputação já estava prejudicada o suficiente devido às discussões com professoras e colegas. Ela teve uma ideia genial — poderia frequentar as aulas contanto que dissesse que meu cabelo tinha pegado fogo. Um preço pequeno que eu estava disposta a pagar.

Na manhã seguinte, durante a entoação do hino nacional na escola, a diretora notou meu cabelo curto e me chamou em sua sala, exigindo uma explicação. Dei a desculpa inventada, mas ela não acreditou. "Sabia que cortar o cabelo é uma violação que me dá o direito de expulsá-la e arruinar seu histórico acadêmico? Isso significa que nenhum outro colégio irá aceitá-la e você terá que ficar em casa sem diploma." O sermão não me surpreendeu, mas reforçou minha opinião sobre o valor das meninas no meu país. Argumentei que era injusto destruir o futuro de uma garota só por causa de seu cabelo. A diretora retrucou: "Não é normal uma menina agir como um menino."

RAHAF MOHAMMED

Eu poderia ter ficado quieta e aceitado a ameaça como meu castigo, mas segui minha tendência de contra-atacar a injustiça e respondi: "Você está dizendo que ajo como um menino por causa de um corte de cabelo?" A diretora me mandou embora de sua sala e afirmou que me multaria se meu cabelo não voltasse ao comprimento adequado. Antes de sair, acrescentei: "Essa é a coisa mais absurda que já ouvi. E se meu cabelo não crescer? A culpa é minha?" Então ela avisou que ligaria para minha mãe. Com a intenção de dar a última palavra, declarei enquanto fechava a porta: "Não se atreva a incomodá-la com essas regras ridículas."

E isso não foi tudo. Quando relatei o que havia acontecido na sala da diretora, minhas colegas falaram: "Regras são regras e não devem ser desrespeitadas." Meu cabelo tinha se tornado um crime, uma polêmica em toda a escola. Foi o início de uma derrocada que acabou me levando à depressão. Passei a enxergar as pessoas ao meu redor como maldições em minha vida. Constatei que não conseguiria mais viver assim e contei à minha namorada sobre meu desejo secreto de ir embora, de morar no exterior. Ela pareceu um pouco surpresa e perguntou se eu estava falando sério. Mas, quando expliquei que queria me livrar de todas as proibições, ela gostou da ideia, lembrando que até mesmo nosso relacionamento era *haram* e que poderíamos ser mortas por isso. Então a fuga se tornou um sonho conjunto. Afastei-me das outras meninas da escola e passei a me dedicar à minha namorada enquanto traçávamos um plano. Porém, eu sabia que, se demorássemos muito, minha família me obrigaria a casar com um homem, separando-me daquela garota por quem havia me apaixonado.

Em meio ao meu próprio dilema, a notícia de que meu pai se casaria novamente veio a calhar. Quando ele foi nos visitar, a família inteira estava em casa. Primeiro, papai contou à nossa mãe; depois, chamou todos nós até a sala de estar para compartilhar a novidade. Parecia triunfante ao dizer: "Terei uma terceira esposa." Devastada, a coitada da minha mãe fitava o chão. Mutlaq e Majed o abraçaram, parabenizando-o como se tivesse marcado o gol da vitória. Fahad permanecia em silêncio. Eu adorava essa particularidade do meu irmão mais novo — um observador que ficava calado ao assimilar as consequências da injustiça. Lamia tentava consolar nossa mãe, que agora chorava de costas para nós. Era um espetáculo repulsivo — a guerreira ferida e o herói conquistador, produtos de um sistema cruel e desigual. Meu pai saiu com os dois filhos mais velhos; minha mãe pediu que a deixássemos em paz.

A terceira esposa do meu pai tinha no máximo trinta e poucos anos — jovem o suficiente para ser minha irmã mais velha. Embora homens com mais de uma esposa sejam algo comum na Arábia Saudita, em algumas partes do país a monogamia está se tornando uma preferência à medida que a renda diminui e as ideias ocidentais sobre reciprocidade conjugal se consolidam. No entanto, esse não era o caso em Ha'il. Os matrimônios são todos arranjados e geralmente primos se casam com primas. Enquanto os homens podem recasar quantas vezes quiserem, as mulheres divorciadas não têm essa permissão.

Embora não fossem divorciados, após a terceira esposa, minha mãe não queria mais a presença de meu pai. Ela só ganhou parte dessa discussão. Ele parou de dormir em casa, mas afirmou que a sala de estar era exclusiva aos homens, transformando-a em seu território particular, onde reunia amigos quando bem entendesse. Como esse ambiente era separado por uma porta que podia ser fechada e trancada, quase nem percebíamos que ele estava lá, mas sabíamos que, de um lado, sua vida continuava enquanto, do outro, nossa mãe estava aos prantos. Quando nos visitava, o fato de meu pai entrar pela porta da frente gerava certa tensão, uma situação complicada, difícil e desagradável.

Ao mesmo tempo em que minha mãe estava arrasada, com sua confiança mais uma vez abalada, o terceiro casamento de meu pai começou a me afetar pessoalmente, fazendo-me questionar os homens da família e seus valores. A meu ver, dos vários pais e irmãos em nosso clã, apenas dois eram decentes — meus tios maternos. Mamãe Nourah havia criado bons homens. Um deles era um pai para mim, tratando-me como se eu fosse sua própria filha. Certa vez, quando era pequena e estava doente, meu tio me carregou nos ombros. Como estávamos em um inverno rigoroso, ele me vestiu com seu grande casaco, tentando me convencer de que não estava com frio, embora eu pudesse ver que suas mãos tremiam. Quando fiquei mais velha e queria fazer compras, meu irmão costumava inventar desculpas para não me levar, mas meu tio aceitava sem hesitar, protegendo-me como se eu fosse preciosa, pegando minha mão para atravessar a rua, sempre sorrindo, me encorajando e reforçando a minha confiança. Nossa relação era maravilhosa; nunca conheci um saudita igual a ele.

A essa altura, meu pai tinha três mulheres, um bebê com a segunda e uma primeira esposa depressiva. Ninguém mais tinha certeza de quem estava no comando da casa. Certo dia, voltei da escola com chupões no pescoço que havia esquecido de esconder. Enquanto conversava com minha irmã mais velha, ela viu as marcas e, de repente, chamou nossa mãe, como se fosse uma emergência. Mamãe correu para a sala e, ao conferir o suposto problema, mostrou-se impassível e simplesmente afirmou antes de sair: "Não é a primeira vez e não sei como controlá-la." Lamia deve ter concluído que agora era sua a função de me atormentar, então me repreendeu e me chamou de prostituta.

Após esse episódio, minha irmã mais velha começou a aparecer no meu quarto sem avisar, conferindo tudo que eu fazia e me xingando, a fim de demonstrar desaprovação. Ela pediu ao nosso motorista que me buscasse na escola, pois os atrasos de meu irmão sempre me davam uma brecha para interagir com outras meninas. Eu me sentia encurralada, não havia um lugar seguro onde eu podia agir naturalmente.

Em março, mês do meu aniversário, uma amiga me deu um violão. Comemorações e presentes de aniversário são um tabu em nossa cultura, mas fiquei muito feliz. Como era *haram*, decidi escondê-lo no meu quarto e aprender a tocar quando estivesse sozinha. E é claro que fui pega — todo mundo vasculhava minhas coisas em busca de motivos para me punir. Dessa vez, o fiscalizador era Majed. Quando cheguei da escola, ele me acompanhou até meu quarto. O violão estava no chão e meu irmão exigiu explicações, batendo a minha cabeça contra a parede e perguntando o nome do menino que havia me presenteado. Ele não pararia de me bater até que eu dissesse o nome desse garoto que nem sequer existia. Joud entrou no quarto e tentou me salvar ao esclarecer: "Vi uma amiga dela chegando com o violão. Não era um menino." Majed pareceu se acalmar, mas insistiu que eu revelasse o nome da garota. Obedeci. Então, meu irmão pegou o violão e o arrebentou na minha cabeça. O golpe foi tão forte que eu não sabia o que tinha quebrado — meu crânio, o instrumento ou ambos. Quis argumentar que o violão só foi descoberto porque ele invadiu meu espaço pessoal, uma afronta da qual deveria se envergonhar, mas estava com tanta dor que desisti, optando pelo silêncio.

Nesse ínterim, minha namorada e eu continuamos a planejar nossa fuga. Sem saber qual seria o país mais adequado, começamos a pesquisar os lugares sobre os quais eu já tinha lido. Nessas leituras, também aprendi o conceito de *refugiado* e como ele se aplicaria à nossa situação. Havia muitas pendências — os preparativos para a viagem, a obtenção do visto, a solicitação de refúgio. Enquanto coletava informações para engendrar a nossa fuga, de alguma forma, meu corpo começou a enfraquecer, desacelerar, como se eu estivesse carregando um enorme fardo. A pressão que eu sentia da minha família, da escola, da sociedade em geral começou a me afetar de um modo intolerável. Mesmo que estivesse me dedicando à nossa partida, não conseguia evitar a opressão da supervisão constante, das ameaças de minha mãe e minha irmã, dos infortúnios em nossa casa — a condição mental de Reem e a forma dominadora e desrespeitosa com que Majed nos tratava. A proibição de ser eu mesma resultava em uma vida insuportável. Deitada no quarto, eu passava horas olhando para o teto. Apenas Sasha, minha gata, ficava ao meu lado, esfregando a cabeça em meu rosto, como se implorasse para que eu levantasse da cama. Ela parecia enxergar minha tristeza e até lambia minhas lágrimas quando eu chorava, mas, na maior parte do tempo, simplesmente se acomodava no meu peito e me observava.

Eu estava tão deprimida que não sabia o que fazer. Os meus dias só pioravam. Quando Mutlaq entrou no meu quarto, não tive forças nem para temê-lo. Ele perguntou por que eu não saía da cama e respondi que precisava de um psicólogo. Meu irmão hesitou, pois nossa sociedade considera esse tipo de ajuda uma fraqueza inaceitável. Além disso, não há muitas clínicas em Ha'il, e as disponíveis ficam muito longe. Mas ele notou a gravidade da situação e disse que marcaria uma consulta por telefone. Eu assenti. Mutlaq quis manter a discrição, pagando as sessões de terapia com o próprio dinheiro — uma atitude incomum, pois ele não costumava me ajudar daquela forma. Mesmo sem compreender sua motivação, aceitei o auxílio, que, naquele momento, era mais do que necessário. O psicólogo sugeriu remédios eficazes que não exigiam receita e meu irmão os comprou para mim. Tomei a medicação por vários meses sem que mais ninguém da família soubesse.

REBELDIA

✧ ✧ ✧

O dia do casamento de Lamia chegou, e a família e os parentes estavam absortos no planejamento e nos preparativos. Minha irmã era uma linda noiva, com joias de ouro e prata e um deslumbrante vestido branco. Havia mais de quatrocentos convidados na cerimônia que começou às 20h e se estendeu até as 4h. O salão estava magnificamente decorado e o bufê era uma fartura de pratos salgados e doces. O nível mais alto de suntuosidade. Porém, conforme exigido, os homens e as mulheres estavam em ambientes separados — comíamos e dançávamos sem interagir.

O dote pago pelo noivo foi de 150 mil riais sauditas (US$40 mil). Esse dinheiro recebido pela noiva é um direito religioso chamado *mahar*, e o valor depende da capacidade financeira do homem e do status da mulher. Por exemplo, se for viúva ou divorciada, ela é considerada menos valiosa. Ao perceber a satisfação de Lamia, perguntei se minha irmã estava realmente confortável com o dote recebido. Ela respondeu: "Claro que estou, não há nada de errado nisso, é meu direito."

Decidi ficar quieta para não aborrecê-la, mas, na minha opinião, o *mahar* é um insulto — um estranho que compra a noiva pela quantia calculada pelo pai dela, como se fosse um veículo ou uma casa. Nas redes sociais, li comentários que afirmavam que o *mahar* torna a mulher propriedade do noivo, que, então, adquire o direito de fazer o que quiser com ela, inclusive estuprá-la.

Durante a festa de casamento, fui obrigada a usar uma peruca para que ninguém visse meu cabelo curto. Minha irmã, com seu lindo vestido caro, teve que ficar sozinha em uma sala, o que é nossa tradição. Se aparecesse ou demonstrasse alegria, poderia ser considerada uma mulher indecente. Em algumas cidades, a noiva e o noivo se reúnem no final da cerimônia. Mas não em Ha'il. Quando os últimos convidados foram embora, meus irmãos entregaram Lamia ao marido e o novo casal partiu para um hotel.

Logo minha vida voltou ao estado de antes — olhar para o teto do quarto, acompanhada por Sasha, que brincava com meus dedos como se dissesse: *Anime-se, não desista.* A minha medicação havia acabado, acarretando muita tristeza e desânimo. Eu tinha emagrecido bastante, o que geralmente me deixaria feliz, mas a apatia e a fraqueza me impediam de apreciar as mudanças no meu corpo. Perguntava-me se algum dia voltaria a me sentir bem. Sem a menor vontade de sair do quarto, eu sabia que precisava do medicamento, então liguei para minha mãe e pedi que viesse imediatamente. Quando entreguei o frasco vazio, pedindo que comprasse mais, ela presumiu que eu estava usando drogas ilícitas: "Agora você é uma viciada?" Respondi: "Não, não é nada disso. É um tratamento para a depressão e Mutlaq sabe." Sua expressão mudou de nojo para espanto: "Seria mais fácil ouvir que você é uma drogada do que descobrir que está louca e será rejeitada devido à sua doença." Minha mãe saiu do quarto e disse para todos que eu era uma doente mental e que nenhum homem aceitaria se casar comigo.

Alguns dias depois, meu pai foi conversar comigo. Ele me encontrou com um turbante na cabeça para esconder o cabelo curto, a situação mais constrangedora possível, e parecia abatido e triste. Sentou-se na cama, pegou minha mão e disse que sabia da depressão, questionando se alguém havia me magoado — uma tentativa de que eu me abrisse sobre minha vida afetiva. Apenas declarei que não conseguia me sentir feliz e que não suportava mais viver daquela forma. Meu pai começou a chorar e, com as lágrimas escorrendo pelo rosto, aquele homem que nos rejeitou por duas outras esposas me abraçou e garantiu que tudo ficaria bem. Afirmou que me traria vitaminas para curar a depressão e que eu deveria desistir dos medicamentos. Concordei em fazer aquilo por ele, mas sabia que minha depressão estava piorando e não havia ninguém para me apoiar.

Certo dia, eu estava me sentindo particularmente deprimida e vi minha mãe sentada na porta do meu quarto, conversando com uma amiga ao telefone enquanto me vigiava. Peguei uma faca e posicionei a lâmina sobre meu pulso, anunciando em voz alta: "Vou acabar com minha vida agora!" Ela desligou o telefone, olhou para mim e alegou: "Você está louca? Se acabar com sua vida, irá para o inferno por se matar. Allah não está nada contente, então como posso estar satisfeita com você?" Cortei meu pulso e o sangue jorrou, espalhando-se por toda parte. Fiquei zonza. E tudo o que minha mãe fez foi chamar minha irmã mais nova, dizendo: "Pegue alguns curativos para essa maluca." Joud me trouxe toalhas, álcool e ataduras e ficou comigo até que me acalmasse. Foi a última vez que tentei obter atenção materna.

Por fim, meus sintomas depressivos começaram a melhorar. Quando me senti recuperada, retomei meus antigos hábitos — sair escondida e encontrar meus amigos e minhas amigas das redes sociais, que formavam um grupo diferenciado. Minhas colegas da escola nunca se arriscariam dessa forma e nem sequer conheciam aquelas pessoas. Porém, mesmo com esses rebeldes com quem tanto me identificava, eu mantinha cautela ao compartilhar minhas ideias; as festas eram sempre clandestinas e, embora participasse, eu as considerava assustadoras, inadequadas para mim. Era um mundo secreto na Arábia Saudita, habitado por meninas menores de idade e homens mais velhos que distribuíam drogas gratuitamente. Como o governo sabia dessas festas, seria fácil invadi-las e nos prender, mas não era o que acontecia. Colaboradores da polícia religiosa e famosos das redes sociais, que davam conselhos sobre honra e religião, compareciam a esses eventos, divertindo-se com meninas mais novas. Concluí que era um risco muito mais alto do que eu estava disposta a correr e parei de frequentar essas festas. Não se tratava apenas de quebrar as regras, mas de transgredi-las com atitudes deploráveis — uma hipocrisia que, em minha opinião, contribuía para a farsa que eu desprezava. Acabei me afastando daquele grupo, mas foi uma experiência memorável.

Existe uma história que todos nós conhecemos, mas evitamos comentar — uma história que ilustra a gravidade do duplo padrão em nosso país. Quando eu tinha apenas dois anos, um incêndio destruiu um colégio interno para meninas em Meca. As consequências dessa catástrofe se aplicam a nossas vidas como uma parábola. Tudo começou em 11 de março de 2002, quando, por volta das 8h, o fogo consumiu o último andar da unidade 31 da Makkah Intermediate School. Os bombeiros disseram que a causa foi "um cigarro mal apagado". Havia oitocentas meninas matriculadas, a maioria delas da Arábia

Saudita, mas também estrangeiras do Egito, do Chade, da Guiné, do Níger e da Nigéria. A escola estava superlotada e não tinha os dispositivos e equipamentos de segurança necessários, como saídas de emergência, extintores e alarmes. As chamas se espalharam rapidamente e o local foi tomado pela fumaça. As estudantes, grande parte ainda em seus quartos se arrumando para o café e as aulas da manhã, correram até as saídas, mas os guardas se recusaram a destrancar os portões. Por quê? Na pressa de escapar, elas não se vestiram adequadamente — esqueceram os véus — e seus responsáveis não estavam lá para acompanhá-las na rua. As meninas imploravam para serem libertadas e os transeuntes tentavam ajudar enquanto a escola se transformava em um inferno.

Então a *mutaween* apareceu e afastou as pessoas, lembrando que seria um pecado sair da escola sem cobrir a cabeça. De acordo com o relato de testemunhas oculares, os policiais disseram à multidão incrédula, que agora incluía os pais de algumas das estudantes, que eles não permitiriam o contato físico entre as meninas e os bombeiros devido à possibilidade de tentação sexual. Alguns repórteres afirmaram que as poucas garotas que conseguiram sair foram empurradas de volta para o prédio em chamas pelos guardas e pela *mutaween*. Ao entrarem para resgatar as meninas, os bombeiros também foram repreendidos pela polícia religiosa.

REBELDIA

Quatorze meninas morreram e mais de cinquenta ficaram feridas. Sempre que me lembro dessa história, arrepio de medo ao me perguntar que tipo de autoridade poderia ser tão desumana a ponto de proibir que garotas inocentes escapem de um incêndio.

Tudo em nome da honra. É a palavra final em qualquer situação. A frase "somos pessoas decentes" é tão comum quanto dar bom-dia. A sociedade saudita é obcecada pela honra — em qualquer circunstância distorcida, ela mascara o comportamento desigual e inaceitável das autoridades no poder. É repulsivo pensar que, por causa da famigerada honra, quatorze meninas sofreram uma morte terrível e cinquenta tiveram ferimentos graves — queimaduras e fraturas. Ainda assim, ela é o princípio absoluto para a minha família e para todos no Reino. Os sauditas matam — leia-se: assassinam — em nome da honra.

Essas tensões infiltram-se em cada uma das meninas que crescem nesse país. Aos dezesseis anos, eu tinha consciência do caminho que estava trilhando e sabia que o mais apropriado era mudar o rumo da minha vida e aceitar minha identidade — uma ateia feminista que contesta as leis de um Estado contrário aos direitos de liberdade e expressão. Meu sonho era morar em um país distante do Oriente Médio, um lugar que acreditasse na igualdade de gênero e nos direitos humanos. Mas eu não conseguia nem mesmo convencer minha família a consentir meus estudos em outra cidade. Lembro-me do dia em que perguntei à minha mãe e ao meu irmão se poderia cursar o ensino médio em Riade. Ele riu, indagando: "Você está falando sério?", enquanto ela encerrou a discussão: "Esse tipo de educação é proibido para nossas meninas." Não argumentei, pois sabia que ignorariam meu ponto de vista. A mudança dependeria de mim.

Capítulo Cinco

Códigos Secretos

Durante meu último ano do ensino médio, comecei a me afastar — emocionalmente — das pessoas, das tradições e das leis caóticas, que me enfureciam à medida que eu reconhecia a magnitude do castigo imputado por ter nascido uma garota, privada de oportunidades justas e sob risco constante. Demorou para que esse afastamento ocorresse. Tal como um navio atracado em um porto, eu estava atrelada à minha família, ao meu país e a vários de nossos costumes — a convivência próxima com primos, primas, tios e tias, por exemplo. Porém, da mesma forma que o navio levanta a âncora e desloca-se devagar, mas com segurança, para longe da costa, eu rompia as correntes que me prendiam a praticamente tudo o que conhecia.

É um fardo demasiadamente pesado para uma jovem de dezessete anos. Além disso, conforme identificava o quão intoleráveis eram as condições de minha vida, precisava manter essas conclusões em segredo, pois compartilhá-las acarretaria a ira de minha família e até mesmo das autoridades sauditas. As consequências da minha atitude de contestar as regras poderiam incluir a humilhação, a rejeição, a prisão e a morte. Criticar a religião, o governo e os ridículos costumes centenários é inaceitável na Arábia Saudita. Embora fosse extenuante esconder meus sentimentos devido ao medo da retaliação, o silêncio me concedia a proteção necessária. Mas ele não refreava a minha curiosidade, que me levou de volta aos sites ilegais que forneciam respostas às perguntas que me assombraram durante toda a vida.

A minha pesquisa consistia em obter informações sobre pessoas que estavam em uma situação semelhante: ateus, críticos, feministas, homossexuais e opositores ao governo. Indivíduos que se sentiam revoltados, descontentes, irritados e, assim como eu, tentavam sem sucesso mudar as leis que autorizam a morte de meninas por suas famílias; a ameaça e o assédio desenfreado da polícia; e a objeção governamental aos direitos humanos. Por mais que fosse libertador e reconfortante, encontrar essas pessoas na internet também me perturbava psicologicamente. Afinal, era muito doloroso reconhecer que minha vida se resumia à obrigação de obedecer às imposições, de ser agredida e oprimida por pessoas que deveriam me amar, de ser educada por professoras que se consideravam donas do meu corpo e da minha mente.

Essa era a minha realidade quando fiz uma conexão online que me apresentou uma extraordinária rede clandestina de sauditas fugitivas. Eu aproveitava a hora de dormir para visitar vários sites e, por uma coincidência incrível, encontrei o Twitter de uma mulher que morava no Canadá. Mandei uma mensagem perguntando como ela havia conseguido um visto e obtive uma resposta imediata e detalhada. As informações incluíam um passo a passo bem simples. Mantivemos o diálogo e, após algumas explicações úteis, senti segurança suficiente para contar minha história, admitindo que meu objetivo era escapar. Revelei meu plano preliminar e confessei que estava preocupada com sua eficácia. A essa altura, eu estava sentada na beira da cama, com o olhar fixo no celular, como se ele fosse meu salva-vidas. Eu mal podia acreditar que estava conversando com uma mulher do outro lado do mundo que parecia saber os pormenores necessários para minha fuga. Ela me fez algumas perguntas a fim de confirmar minha determinação de partir. Depois, anunciou que havia um grupo de fugitivas que trocava ideias e conselhos articulados na internet, esclarecendo que a maioria usava nomes fictícios e nunca compartilhava informações pessoais.

A mulher me passou o código secreto para acessar essa mídia social que ajudava as garotas a escaparem, explicando que eu deveria inventar um codinome. Optei por Sasha, em homenagem à minha adorada gata, e digitá-lo foi como receber as chaves do meu próprio reino. Nesse ambiente secreto, conheci as pessoas que me abriram o mundo e se tornaram minha tábua de salvação. Sem elas, eu jamais teria chegado ao Canadá. Aproveitei ao máximo a oportunidade de acesso, dedicando todo o meu tempo livre para aprender, examinar, testar e, finalmente, planejar de vez a minha fuga.

Em uma sala de bate-papo privada, essa rede de jovens mulheres compartilhava opiniões semelhantes sobre a situação feminina em lugares como a Arábia Saudita. Todas tinham os mesmos problemas, o mesmo desejo de mudar o local em que viviam ou a mesma intenção de deixá-lo. Havia subgrupos, alguns deles com homens que também estavam interessados em fugir e morar em um país estrangeiro. Mas eu me sentia mais à vontade no grupo só de meninas. Mesmo que nossas identidades fossem secretas, logo elas se tornaram uma família para mim. Trocávamos informações, fazíamos planos em conjunto e nos preocupávamos umas com as outras. Certa vez, uma garota contou que apanhava do pai, tendo seus direitos humanos continuamente negados — uma angústia que sentimos como se fosse nossa. Participávamos da conversa com conselhos sobre a

REBELDIA

necessidade de manter a esperança e o que fazer para alcançar uma mudança de vida. As ideias eram tão úteis e o apoio era tão grande que adquiri um forte senso de pertencimento. Por exemplo, minhas novas amigas explicaram como obter uma autorização de viagem sem a aprovação de seu responsável. Elas também sabiam como driblar o Absher — o aplicativo usado para controlar a mobilidade das mulheres — e, assim, conseguir viajar clandestinamente. Era um procedimento complexo e perigoso, pois o governo saudita perseguiria qualquer cidadã que tentasse escapar. As garotas davam dicas excelentes sobre como enganar as autoridades para emitir documentos, como saber o momento certo de fugir e como usar nomes e números fictícios para encobrir os rastros do plano.

Eu me sentia confortável, pois já não era a estranha com ideias que desafiavam o status quo. As pessoas que conheci na sala de bate-papo eram principalmente da Arábia Saudita e dos Emirados Árabes Unidos, mas também de outros países que impõem a lei da tutela masculina para controlar a vida de mulheres e meninas. Algumas eram ex-muçulmanas; outras já haviam escapado. Mas toda a rede estava unida por solidariedade e sigilo. Todo mundo era contra o sistema de tutela e, embora algumas quisessem permanecer em seus países para lutar por mudanças, outras procuravam um modo de fugir do Estado repressor em que viviam. A maioria não se conhecia pessoalmente, mas o vínculo era imediato, e a confiança, intensa e proveitosa. Era um grupo de apoio que se esforçava para ajudar suas integrantes, em qualquer fase da vida. Sem ter a quem recorrer em busca de conselhos e informações, essas mulheres se reuniam como agentes secretos e trocavam conhecimentos, dicas e suporte. Elas me amparavam, fazendo-me acreditar que meu sonho era possível, que ainda havia esperança.

As histórias compartilhadas eram inspiradoras e encorajadoras. Uma das garotas relatou que precisou ir embora um dia antes do exame final na universidade, pois corria o risco de não conseguir escapar. Sua amiga, que também planejava fugir, foi presa. Não havia mais como adiar, o que significava desistir do curso para o qual tinha estudado durante quatro anos. Outra menina descreveu várias fugas cuidadosamente planejadas que foram abandonadas no último minuto devido a um imprevisto. E uma garota que usava aparelho ortodôntico precisou removê-lo assim que lhe concederam asilo. As pessoas que já haviam escapado contavam histórias vívidas sobre os obstáculos em seus planos e os perigos enfrentados. Foi assim que descobri que, na Austrália, os guardas de fronteira costumam pedir para falar com seu responsável. A menina que conseguiu entrar no país me aconselhou a arranjar um garoto para atender a ligação e fingir que era meu pai. As integrantes

REBELDIA

dessa rede planejam e presidem muitas fugas, dando todos os tipos de dicas úteis — como ganhar tempo na etapa inicial ao remover o cartão SIM do celular e usar o Wi-Fi de aeroportos e cafés para que ninguém consiga rastrear seu paradeiro.

Antes de conhecer essas pessoas, eu achava que a Arábia Saudita era o único país que destratava suas mulheres. Na verdade, sempre pensei que os Emirados Árabes Unidos e o Kuwait, por exemplo, eram lugares muito mais progressistas, onde os direitos femininos avançavam significativamente. Entretanto, constatei que as famílias ultraconservadoras, o abuso de mulheres e meninas e o sistema de tutoria masculina também são comuns nesses locais.

Havia muito a aprender: como reservar uma passagem aérea e solicitar um visto sem que ninguém soubesse; quanto dinheiro economizar e como guardá-lo em uma conta bancária secreta. A fuga era a etapa mais difícil, mas não a única a ser considerada. Após chegar em segurança a outro país, é necessário requerer asilo e continuar os estudos ou encontrar um emprego para se manter quando as economias acabarem — etapas extremamente importantes. A rede possui essas informações e as fornece como um treinamento — primeiro isso, depois aquilo. Foi assim que aprendi quase tudo que precisava. Mas, além de propiciar um guia digital de como escapar, essas pessoas aumentaram minha autoconfiança e me garantiram que abandonar tudo o que eu conhecia era a decisão correta. E todas estavam cientes dos perigos de enganar a família e o governo ao reservar passagens em segredo e definir cautelosamente quando e para onde fugir. As autoridades sauditas são naturalmente desconfiadas e estão sempre à procura de cidadãs que desrespeitam as regras impostas. Essas mulheres sabiam que a famigerada honra era a corda em volta de nossos pescoços.

Com o passar do tempo, contribuí para a fuga de várias meninas. É pertinente dizer que, juntas, compartilhávamos o cansaço e a pressão psicológica sempre que um plano falhava. Mas a rede perseverava em ajudar as garotas a cada passo do caminho, fosse encorajando-as a pegar o telefone do pai para acessar informações pessoais, fosse encontrando aliados no país de asilo. Mesmo que a garota não seja conhecida, a embaixada da Arábia Saudita no destino escolhido entrará em contato, tentará convencê-la a voltar e, em algum momento, se esforçará para prendê-la. Três garotas do meu grupo tornaram-se minha própria unidade de apoio quando decidi executar meu plano de fuga. Foi para elas que enviei mensagens do táxi no Kuwait e do aeroporto antes de embarcar para Bangkok. Éramos melhores amigas.

Alguns dos dados que reuni provinham de um site visitado principalmente por mulheres como aquelas que conheci na mídia social clandestina: com idades entre dezoito e trinta anos, desesperadas para se livrar do abuso em suas vidas e recomeçar em um país seguro. A maior parte das informações era fornecida por requerentes de asilo — como falar com as autoridades, como obter os próprios documentos de identificação (o passaporte, por exemplo) e como executar cada etapa da fuga. Elas sabem que o trajeto é assustador para jovens de dezoito anos que nunca viajaram sozinhas, que nunca falaram com um desconhecido — muito menos um funcionário da alfândega cheio de perguntas complicadas. São circunstâncias difíceis para uma garota como eu, que sempre foi acompanhada até a escola, supervisionada enquanto fazia compras e proibida até mesmo de entregar dinheiro para um lojista. Na sala de bate-papo, as integrantes do grupo ensinam como agir com estranhos ou o que fazer caso você seja pega e acabe em um centro de detenção. Elas reiteram que é preciso ficar atenta a criminosos em todos os lugares, inclusive naqueles que julgamos seguros. A rede se torna sua família — as pessoas que se preocupam com sua integridade, seu futuro e sua felicidade.

Se eu tivesse que mencionar um único aspecto que nos impele a deixar nossos países e nos une sob a bandeira mútua do martírio, seria a lei da tutela masculina. Ela é a base para as discriminações, as violações contra as mulheres e os subsequentes abusos dos direitos humanos. Nesse bate-papo online, descobri que, embora a inferioridade das sauditas em relação aos homens seja antiga, o sistema de tutela draconiano nem sempre esteve em vigor. Até 1977, as mulheres podiam viajar sem um responsável. Mas, então, uma princesa chamada Mishaal bint Fahd cometeu o erro de se apaixonar. Ela era filha do príncipe Fahd bin Muhammad bin Abdulaziz Al Saud e neta do príncipe Muhammad bin Abdulaziz, irmão mais velho do rei Khalid. Devido à sua conexão com a realeza, o governo a assassinou por amar um homem de sua escolha, criando uma lei para garantir que nenhuma outra garota jamais ficasse desacompanhada de um responsável e, assim, cometesse o crime de se apaixonar.

A princesa frequentava a escola no Líbano. Durante uma visita de cortesia a Ali Hassan al-Shaer, o embaixador da Arábia Saudita no país, ela conheceu Khaled al-Sha'er Mulhallal, o sobrinho dele. Aparentemente, é apenas mais uma história de uma garota que conhece um garoto. Mas não se engane: por ser um relato saudita, não há nada de trivial. Eles continuaram se encontrando às escondidas e, por fim, começaram a namorar. Desde que permanecessem no Líbano, sua segurança estaria garantida por conta de nosso característico ditado: se mantiver em segredo, nada será feito. A honra familiar está vinculada ao "conhecimento" público e, em outro país, ninguém descobriria o namoro. Porém, logo que a princesa voltou à Arábia Saudita, os fofoqueiros espalharam o boato, que transformou a vergonha em uma chaga cujo bálsamo seria o assassinato da jovem de dezenove anos — a única forma de salvar a reputação da família. É assim que funciona. Mishaal tentou escapar. Após fingir uma morte por afogamento, ela se vestiu como um homem e foi até o aeroporto, onde um oficial do controle de passaportes descobriu seu disfarce e alertou as autoridades. A princesa foi imediatamente devolvida aos seus familiares, que queriam sangue. E é claro que o obtiveram com respaldo na tradicional farsa saudita. Em nome da Sharia, eles a assassinaram, ignorando a obrigatoriedade do testemunho de quatro homens adultos, que precisam confirmar o ato sexual, ou da confissão da vítima, que deve proclamar "cometi adultério" três vezes no tribunal. Segundo relatos, mesmo que a família só tenha exigido a promessa de que nunca mais veria o namorado, a princesa decidiu anunciar: "Cometi adultério. Cometi adultério. Cometi adultério." Obviamente, não há qualquer registro do julgamento ou da confissão.

Mishaal e seu amado foram executados em um ato de vingança pela desonra causada à tribo: ela foi baleada; ele foi decapitado. Mas esse não é o fim da história. Como sempre em meu país, existem duas versões — e nenhuma fonte de veracidade. A versão comentada em nosso bate-papo online veio à tona três anos depois, quando uma equipe de filmagem investigou o caso de amor e fez o documentário *Morte de uma Princesa*, alegando que mesmo a execução do casal desrespeitou o processo de lei tribal ou lei religiosa. O alvoroço consecutivo evidencia o limite que a Arábia Saudita está disposta a ultrapassar para acobertar seus assassinatos. Supostamente, o filme seria transmitido no Reino Unido pela ITN e nos Estados Unidos pela PBS. Mas um protesto veemente ameaçou as relações diplomáticas, políticas e econômicas caso o filme não fosse cancelado. Existe o rumor de que o rei Khalid ofereceu um suborno de US$11 milhões para impedir a exibição do documentário. Ainda assim, ele foi ao ar, acarretando repercussões. O embaixador britânico na Arábia Saudita foi expulso e a empresa petrolífera Mobil, grande patrocinadora da PBS, publicou um anúncio no *New York Times*, ratificando o iminente prejuízo para as relações entre norte-americanos e sauditas: "A Arábia Saudita acredita que, ao deturpar seus sistemas social, religioso e judicial, o filme insulta seu povo e o legado do islã. Esperamos que a gestão da Public Broadcasting

Service repense a decisão, com base no que é melhor para os Estados Unidos."[9]

Na sala de bate-papo, também relembramos as muitas sauditas que foram silenciadas, aprisionadas ou mortas por seus responsáveis e algumas que se suicidaram. Honramos os nomes de Hanan al-Shehri, Khadijah Al-Dhafiri, Amna Al Juaid e, claro, Dina Ali. A morte de Hanan, com apenas 25 anos, foi considerada suicídio. Porém, sua irmã Aisha afirma que, naquele fatídico dia, o tio materno a agrediu e a ameaçou. Ela também alega que o óbito de Hanan não foi autoinfligido. Após chamar a polícia, que exigiu documentos médicos para comprovar os maus-tratos do tio, a jovem morreu em um incêndio no quintal. Apesar de seus conhecidos descartarem a possibilidade de suicídio, as autoridades insistem nessa explicação. Nenhuma de nós acredita.

Amna Al Juaid escapou das agressões do pai, que ameaçava impedi-la de cursar a universidade caso recusasse o matrimônio com o primo. Ela foi morar com uma família estrangeira e arranjou um emprego, buscando independência. Após descobrir seu paradeiro, o pai convenceu a filha a voltar para casa com a promessa de que lhe entregaria o passaporte. Ela gravou a própria história e pediu que, se porventura desaparecesse, suas amigas a divulgassem. Foi o que aconteceu. A Human

Rights Watch exigiu que as autoridades sauditas investigassem, mas ninguém nunca mais teve notícias de Amna.

Khadija al-Dhafiri, com vinte anos de idade, se jogou do terceiro andar para escapar dos abusos conjugais. Apesar de ter sobrevivido à queda, ela ficou paraplégica e acabou sofrendo uma parada cardíaca no hospital. Ainda que a culpa do marido fosse evidente, ele ficou apenas quatro dias na prisão — sua liberdade foi decretada sob o argumento de que a esposa escolheu se matar.

Esses são apenas alguns exemplos das muitas mulheres hostilizadas por seus responsáveis em um país que executa ativistas e liberta criminosos.

Eu aproveitava ao máximo o grupo, assimilando todas as informações. Nossos debates confirmavam minhas suspeitas e reforçavam a convicção de que a Arábia Saudita precisava de mudanças. Essa situação acentuava meu dilema: eu era uma estranha em meu país, infiel aos costumes e indesejada por minha família.

Nesse ínterim, eu continuava vivendo como se nada de incomum ocupasse minha mente. Meus irmãos estudavam em

REBELDIA

escolas particulares enquanto eu frequentava o colégio público. Suas vidas eram muito diferentes da minha; até parecia que habitavam outro planeta. Não era apenas a liberdade para sair com os amigos, o direito de me bater só para mostrar quem estava no comando ou a insolência com que tratavam a vulnerabilidade de nossa mãe, mandando-a calar a boca, acalmar-se ou ficar em casa. Era tudo isso e muito mais. Meus irmãos tinham permissão para viajar, conhecer o mundo, visitar os pontos turísticos de um lugar estrangeiro, saborear a culinária, interagir com os habitantes e descobrir novas ideias. Ter essas oportunidades era o meu maior desejo! Eu ansiava por conhecimento. Acessar os sites ilegais e ter uma amostra de como as pessoas viviam, abordavam assuntos proibidos e agiam em prol de suas convicções me surpreendeu e despertou minha alma. Eu queria ser parte do mundo, andar livremente, fazer minhas perguntas, expressar meus pontos de vista e me divertir, em vez de sofrer a censura e a repressão do "proibido para garotas".

Meus irmãos tinham seus próprios carros; eles sabiam dirigir desde os treze anos. Mutlaq estava cursando uma faculdade religiosa em outra cidade. Mas nada mudou em casa — a minha interação com meus irmãos mais velhos permanecia quase inexistente. Aos dezessete anos, eu continuava próxima de Fahad e Joud, embora não fosse mais tão simples quanto antes: assim que atingiu a adolescência, Fahad se transformou em um controlador de mulheres, mas exercia esse direito apenas sobre Joud. Ele e eu sempre fomos melhores amigos, talvez porque ficou doente durante a infância e não podia sair para brincar. Como precisava ficar em casa comigo, fazíamos tudo juntos — assistíamos à televisão, jogávamos e comparávamos as caricaturas que desenhávamos um do outro; basicamente, nossa relação era bastante agradável, uma peculiaridade incomum em nossa família. Conforme ficamos mais velhos, paramos de brincar juntos, pois Fahad teria sido ridicularizado por passar tanto tempo com a irmã, mas sempre pude contar com sua ajuda para sair. Ele me acompanhava a restaurantes, às lojas do *souk* ou ao parque, onde conversávamos por horas. Apesar de ser dois anos mais novo, Fahad tinha um carro, então íamos para onde quiséssemos — ouvindo música, rindo alto e agindo como jovens da nossa idade. Eu adorava sua companhia e sempre ponderava a diferença gritante entre a nossa parceria e o tipo de relação que desenvolvi com meus irmãos mais velhos. Em meu coração, eu sabia que irmãos deveriam se preocupar um com o outro, defender-se e, juntos, viver situações memoráveis. Era essa a irmandade que eu tinha com Fahad. Mas não com Mutlaq e Majed.

Curiosamente, ou talvez de modo revelador, minha mãe não gostava da nossa proximidade. Ela costumava insinuar que Fahad e eu mantínhamos relações sexuais, aparecendo de supetão sempre que estávamos conversando ou assistindo à televisão, como se quisesse nos pegar de surpresa. Para mim, essas atitudes apenas reforçavam a noção de que meninas não são confiáveis, de que sua felicidade e suas demonstrações de afeto pelos irmãos são anormais. Entretanto, como se minha mãe conseguisse ler a mente de um menino, Fahad começou a me tocar de maneira inadequada. Na primeira vez que aconteceu, eu paralisei. Sem saber como agir, fiquei inerte, horrorizada, olhando para ele e me perguntando o que viria a seguir. Fahad percebeu minha expressão de espanto e, presumi, compreendeu o quão chocante era o fato de que meu querido e gentil irmão estivesse se aproveitando de mim só por sermos um garoto e uma garota. Alguns dias depois, quando estávamos sozinhos, ele fez de novo, não apenas tocando meus seios, mas outras partes do meu corpo. Então contei para minha mãe. Suas ordens foram diretas: afaste-se dele e vista-se de forma mais conservadora. Ela questionou: "Seu irmão apenas tocou em você ou fez mais alguma coisa?" Esses eram os seus parâmetros quando se tratava de abuso sexual — Fahad podia me tocar sem meu consentimento, mas não transar comigo sem a permissão dela.

Por mais que os abusos de Fahad tenham me surpreendido, a reação de minha mãe já era esperada — ela me culpou! Disse que certamente eu o havia provocado, desejando-o, tentando-o, agindo como uma prostituta. Então começou a se portar como uma inspetora. Ou melhor, uma espiã, observando não apenas as minhas atitudes, mas também as de Joud, para garantir que Fahad não nos tocasse. Acredito que o objetivo era proteger a reputação do meu irmão, não a minha. Caso esses incidentes se tornassem públicos, a vergonha acometeria Fahad e, por consequência, a nossa família — não devido ao seu comportamento inadequado, mas à minha suposta sedução. Felizmente, meu irmão entendeu a mensagem e recuou. Nossa amizade se restabeleceu, mas a experiência ficou gravada em minha memória como um alerta.

Embora estivesse feliz por ter meu irmão caçula de volta, nunca lhe contei o meu maior segredo — minha nova família clandestina, que eu encontrava todas as noites, na hora de dormir, ao digitar um código secreto. Eu escondia essa informação como se fosse uma joia preciosa, resguardando minhas novas descobertas, adquirindo o conhecimento necessário e aguardando o momento ideal para agir.

A essa altura, Lamia estava morando com o marido. Mas Reem continuava em casa e frequentava o mesmo colégio que eu. Após o incidente com a arma do nosso pai, ela mudou radicalmente. Minha irmã, que sempre foi uma excelente aluna,

REBELDIA

muito popular e extrovertida, agora tirava notas péssimas, era retraída, tímida e dependente dos cuidados da família.

Pelas minhas leituras, eu sabia que as famílias estrangeiras não viviam assim, que as filhas não eram consideradas fardos vergonhosos e que as meninas tinham os mesmos direitos que os meninos. Como uma adolescente saudita, o meu dever era permanecer em casa. Embora tenha escapado algumas vezes, eu não tinha permissão para sair ou me divertir. Não havia atividades para garotas; nem sequer sabíamos quais hobbies nos agradavam, pois a oportunidade era inexistente. Todos os dias, o tempo todo, eu ouvia meus familiares, minhas professoras e até minhas amigas dizerem que o lugar de uma menina é em casa.

Na Arábia Saudita, a vida de uma adolescente é determinada por uma série de regras rígidas: não sair da casa em que foi criada até que se case e more com o marido, que então a controlará como o pai e os irmãos faziam. Quando jovem, abrir uma conta bancária requeria a autorização do meu responsável. Ao fazer compras, era proibido experimentar roupas, mesmo em um provador. Eu me perguntava de que forma isso poderia ser um pecado. E, nas propagandas sauditas, os rostos femininos são borrados, mas não os masculinos. É uma mensagem constante. *Repita comigo: Você é mulher. Você é invisível. Você*

RAHAF MOHAMMED

não tem valor. Até ir ao médico exigia permissão. Eu conhecia garotas que queriam ser médicas ou abrir a própria empresa, mas, em vez disso, estavam em casa recebendo ordens dos irmãos mais novos. Há histórias sobre mulheres que foram estudar medicina nos Estados Unidos e, ainda assim, continuavam sendo subjugadas por seus responsáveis iletrados.

Eu vivia em uma sociedade que me proibia de expressar minhas opiniões e considerava meus questionamentos um ato criminoso. Era como estar na prisão, pois sua verdade é trancafiada dentro de você. Eu não odiava meus familiares e certamente nunca os enxerguei como inimigos, mas eles eram os artífices do meu futuro — uma vida sombria, sem qualquer possibilidade de realizar sonhos e desejos. A meu ver, um lar é o local onde sentimos segurança e temos os direitos de falar, debater e demonstrar emoções. Não era o que acontecia na minha casa e eu concluí que permanecer ali estava fora de cogitação.

Em todo o país, há muitas evidências de que o posicionamento por mudanças transforma a sua vida em um inferno. Raif Badawi é um escritor, blogueiro e ativista que ganhou as manchetes ao postar a seguinte mensagem: "Para mim, liberalismo significa simplesmente viver e deixar viver."[10] Apesar de ser um tema perigoso na Arábia Saudita, isso não o impediu.

Ele também enfatizou o sofrimento das mulheres, questionando a necessidade de um responsável até mesmo para caminhar pelas ruas e a inacessibilidade ao mercado de trabalho.

Em 2012, Raif foi detido por "insultar o islã" — uma acusação arriscada. Ele acabou sendo condenado a sete anos de prisão e seiscentas chibatadas. Em 2014, a pena foi majorada para dez anos, mil chibatadas e uma multa. Após as primeiras cinquenta chicotadas, o restante precisou ser adiado por conta de sua saúde. Sua esposa, Ensaf Haidar, que se refugiou no Canadá com os dois filhos, afirmou que o marido não sobreviveria, pois sofre de hipertensão. O mundo estava acompanhando esse caso. Ainda está, na verdade. Porém, Raif Badawi continua preso por defender a imparcialidade e a justiça. O mundo inteiro conhece sua situação, mas qual país está disposto a cortar relações com a Arábia Saudita e denunciar esses abusos?

Para que consigam sobreviver e manter a sanidade, as mulheres sauditas aprendem a subverter as regras repressivas. A fim de espairecer e se sentirem livres, muitas alugam apartamentos secretos em imobiliárias que burlam o sistema de tutela. Enquanto aguardam o direito feminino de dirigir, algumas garotas fazem aulas em autoescolas clandestinas. Existem até ligas de futebol sigilosas para meninas. Certa vez, pedi a uma professora que explicasse a proibição de esportes para mulheres. Minha mãe já chegou a sugerir que a prática esportiva tiraria minha virgindade. Eu me perguntava se o sedentarismo prejudicaria minha saúde (a obesidade é um problema sério na Arábia Saudita). Mas sempre recebia as mesmas velhas respostas entediantes: *Você é uma garota. Fique quieta. Obedeça. Não faça tantas perguntas.* Alguns estádios de futebol começaram a permitir a entrada de mulheres — desde que elas fiquem separadas em um local chamado "arquibancada familiar". Nada disso acontecia em Ha'il.

Entretanto, havia indícios de mudança em outras partes do país. No mesmo ano em que fiz dezessete, a princesa Reema bint Bandar, diretora da Saudi Federation for Community Sports, disse: "Tenho incentivado as mulheres a praticar esportes nas ruas e nos parques. Tenho explicado que elas não precisam de permissão para se exercitar em público, não precisam de permissão para executar sua rotina de exercícios. E, cada vez mais, as mulheres estão me escutando."[11] Talvez tenha sido uma resposta a um incidente ocorrido no ano anterior, quando Malak al-Shehri tuitou uma foto sua sem o véu e acabou sendo presa, acarretando um clamor público para que fosse executada. A implementação desse tipo de reforma — mulheres jogando futebol, dirigindo carros, saindo às ruas — é outra questão preocupante, pois a maioria das mudanças está

REBELDIA

à mercê do príncipe herdeiro Mohammed bin Salman, mais conhecido como MBS. Ele se autointitula o reformador que, posteriormente, concedeu às mulheres o direito de dirigir, mas também foi o responsável por prender as ativistas que reivindicaram esse direito.

Em resumo, a conjuntura na Arábia Saudita é a seguinte: legalmente, uma mulher e nada são a mesma coisa. Ela pode votar, mas seu depoimento em juízo é facilmente anulado por um homem, pois a Sharia afirma que o testemunho de um homem equivale ao de duas mulheres. Imagine fazer uma acusação de abuso ou agressão nesse tipo de tribunal. E, se você não for muçulmana, esqueça: não possui qualquer direito na justiça saudita.

Ao longo da breve história desse cruel país, há fatos que ilustram como as meninas são consideradas máquinas reprodutoras ou moedas de troca. Por exemplo, o rei Abdullah bin Abdulaziz — que, antes de seu falecimento, em 2015, tinha trinta esposas e cerca de 35 filhos — desempenhava os deveres reais com desenvoltura, mas tratava as mulheres como bens descartáveis. Uma de suas esposas, a princesa Alanoud Al Fayez, casou-se com o rei de 48 anos quando tinha apenas 15, sem nunca tê-lo conhecido. Ela deu à luz quatro filhas, mas nenhum filho, e sua vida se tornou uma desgraça. Mantida no palácio como se fizesse parte de uma coleção de troféus, a princesa se viu em meio à disputa com muitas esposas e acabou decidindo que viveria melhor em outro lugar — divorciou-se e fugiu para o Reino Unido. A fim de puni-la pela fuga e pela incapacidade de lhe dar um filho, o rei manteve suas quatro filhas em prisão domiciliar por mais de uma década, negando-lhes permissão para deixar o país.

Para ser justa, o rei Abdulaziz também ficou famoso pela filantropia; ele doou US$500 milhões ao Programa Alimentar Mundial e US$300 milhões para a reconstrução de um colégio em Nova Orleans depois que o furacão Katrina assolou os Estados Unidos. Mas sua capacidade de prejudicar a vida e a subsistência de suas filhas devido à raiva da ex-esposa resultou em uma história tão perene quanto o deserto saudita.

Minha vida na escola continuava igual, mas, durante meu último ano do ensino médio, tive uma professora que me marcou profundamente. Ela me considerava diferente das outras garotas, um comentário que eu já tinha ouvido. Afinal, minha mãe sempre reiterava o desejo de que eu agisse como minhas irmãs, e meus irmãos insistiam que eu parasse de ser anormal, punindo-me severamente por destoar das outras meninas. Até então, apenas mamãe Nourah usava um tom elogioso para dizer que eu era diferente. E agora essa professora fazia o mesmo. Apesar das consideráveis críticas familiares, sempre achei que essa dessemelhança era uma qualidade especial, e não um defeito — uma opinião reforçada pela professora, que via meu comportamento como uma comprovação de que me destacava mais do que as outras alunas. Ela me disse que queria entender por que eu desrespeitava as regras e como o fazia sem qualquer receio. Certa vez, a professora afirmou que, em sua opinião, minha energia excessiva na escola era resultado da repressão sofrida em casa. Verdade. Não era um lugar onde conseguia me expressar da maneira que queria. Mas, em suas aulas, eu encontrava minha voz. A matéria que ela ministrava era divertida — um dos trabalhos consistia em descrever quem éramos e quem pensávamos ser. Foi a primeira vez que pude manifestar minhas opiniões sem ser punida. Ela fazia perguntas que instigavam nosso pensamento crítico, por exemplo: "Vocês gostam de usar uniforme?" Ao responder, expus meus sentimentos e minhas convicções — eu discordava dos uniformes, pois eram todos iguais e ninguém podia usar roupas de sua escolha. Esses debates possibilitavam que cada uma de nós revelasse a própria personalidade, suscitando temas interessantes, em vez de lições chatas. A professora avaliava os meus trabalhos com entusiasmo e me dava boas sugestões, deixando-me dialogar e compartilhar minhas respostas com o restante da turma. Eu sempre ficava maravilhada, pensando: *Ela me acha uma pessoa notável, que tem algo a acrescentar.* Suas aulas eram minhas preferidas.

Sentir satisfação na escola abriu outras portas para mim, deixando-me confiante para ser uma líder, em vez de uma encrenqueira. Certa vez, tivemos que desenvolver um projeto. A tarefa consistia em descrever o motivo da escolha desse projeto específico, suas etapas e os resultados esperados. Dediquei-me com afinco, escolhendo criar uma instituição de caridade para fornecer roupas de inverno aos pobres. Era fácil elaborar a justificativa e eu sabia exatamente o que precisava fazer: identificar o público-alvo da doação, arrecadar o dinheiro para comprar as roupas e entregá-las. Assim, eu comprovaria meus resultados ao calcular quantas famílias agora tinham roupas mais quentes e adequadas para o inverno, relatando à professora o número total de auxiliados. Para minha surpresa, minhas colegas ofereceram ajuda, então começamos uma ação de caridade conjunta e elas me pediram para ser a líder da equipe. Como todas as alunas da classe quiseram doar dinheiro à causa, conseguimos comprar as peças necessárias. Foi uma das raras ocasiões em que senti orgulho de mim mesma.

No entanto, minha educação, especialmente durante o último ano do ensino médio, também foi complementada por doutrinação. Há uma história que intitulei de "boa esposa". Uma professora sempre repetia que a boa esposa fica em casa para cozinhar e faxinar, e que Allah e os anjos amaldiçoam a mulher que se recusa a transar com o marido. Para mim, esse tipo de ensino era intragável, o que me levou a questionar: "Como é possível que Allah exija o sexo forçado? Isso é estupro." Ela respondeu: "Não, Rahaf. Não existe estupro entre marido e mulher!" Então, para reforçar a lição, continuou afirmando que eu deveria aceitar o sexo com meu marido, pois era um direito dele e a recusa faria com que me traísse. "E os meus direitos?", quis saber. Enquanto eu disparava essas perguntas, as meninas da minha sala permaneciam caladas, cabisbaixas. Eu não conseguia entender o porquê. Sentiam vergonha ou estavam com medo? Ou seu silêncio era uma forma de demonstrar que concordavam com a professora?

Também aprendemos que o marido tem o direito de bater na esposa, desde que a surra não a machuque muito. Para corroborar o ensinamento, as professoras citavam o Alcorão (4:34): "Quanto àquelas, de quem suspeitais deslealdade, admoestai-as (na primeira vez), abandonai os seus leitos (na segunda vez) e castigai-as (na terceira vez); porém, se vos obedecerem, não procureis meios contra elas."

"Seja uma boa menina, uma boa esposa" era o mantra que aprendíamos a cada ano na escola. Éramos advertidas a proteger nossa reputação para que fôssemos escolhidas por uma família proeminente. As professoras diziam: "Se você manchar sua reputação com atitudes *haram,* os familiares desse noivo em potencial descobrirão quando vierem à escola conferir seu comportamento. Se sua idoneidade for contestada, ninguém a aceitará como esposa." Durante meus três anos no ensino médio, essa ameaça foi repetida incansavelmente, visto que a maioria das professoras me julgava uma garota má.

Minha família pensava o mesmo, afinal, sempre rejeitei a concepção de que as meninas eram inferiores aos meninos. Esse conflito sobrecarregava minha vida com a tensão da inexistente afinidade familiar. Meu pai continuava a viajar os quase duzentos quilômetros até Al Sulaimi, retornando para a nossa cidade apenas aos finais de semana. Todas as três esposas moravam em Ha'il. Eu me perguntava como ele definia com qual delas passar os dias de folga. Elas se revezavam? Uma oferecia o que a outra lhe negava? Deveria existir uma espécie de padrão, ou talvez eram apenas caprichos decididos durante a viagem de volta. Todo o processo me encasquetava, mas nunca ousei perguntar a meu pai ou a qualquer outra pessoa como funcionava esse tipo de relação. De qualquer forma, havia um planejamento, pois ele conseguia nos incluir — em alguns fins de semana, nos encontrávamos bastante; em outros, raramente. Reitero: eu desconhecia seus planos ou sua capacidade de se dividir entre tantas pessoas.

Quando eu estava no último ano do ensino médio, a segunda esposa teve uma menina, e a terceira, uma menina e um menino. Meus irmãos os amavam e os paparicavam com atenção e carinho, visitando-os todos os dias e levando-os para passear de carro, caminhar no parque ou tomar sorvete no centro da cidade. Observar essas atitudes me provocava sentimentos mistos de diversão e nojo. Então era assim? Desprezar o velho, estimar o novo? Será que, quando aquela garotinha tivesse idade suficiente para se tornar um objeto de desconfiança e constrangimento, eles a agrediriam sem motivo como fizeram comigo? Eles protegeriam o novo irmão e lhe ensinariam a ordem natural do mundo, mostrando como invadir o quarto da irmã, confiscar seus pertences e puni-la por ter algo tão prejudicial à saúde e ao seu futuro quanto um violão? Eu me perguntava de que modo meus irmãos se sentiam em relação à própria mãe, a mulher que os deu à luz e permitiu que se tornassem os soberanos da casa. Ao olharem para ela, sentiam asco ou pena? Talvez estivessem na transição para serem maridos e pais e, seguindo o exemplo paterno, transformariam sua indignação colérica em uma satisfação complacente. Com o passar do tempo, fiquei cada vez mais convencida de que havia algo extremamente errado com as condições impostas para homens e mulheres. Como aluna do último ano, concluí que essa discrepância era insustentável. Em nosso país, o status quo causava revolta e aversão em muitas pessoas.

Minha mãe certamente não apreciava o novo arranjo que, como uma boa esposa saudita, deveria considerar uma bela família estendida, fazendo questão de evidenciar o seu descontentamento. Ela insistia no assunto e gritava com meus irmãos, acusando-os de traição por visitar as outras famílias ou implorando para que demonstrassem lealdade ao renegar os recém-chegados. Era um drama infinito. Para mim, não era tanto uma questão de identificar os culpados, mas, sim, os inocentes. Eu achava que as crianças não tinham culpa, afinal, foi meu pai quem decidiu ter outras esposas. Eu não via meus irmãozinhos com frequência, mas, quando nos encontrávamos, sentia vontade de abraçá-los e de brincar com eles. Assim como toda criança, eram pequeninos e cativantes. Minhas irmãs não tinham qualquer contato com as esposas ou com os novos filhos. Sua lealdade à nossa mãe era inabalável. Ganhei credibilidade com meu pai e meus irmãos devido à atenção dada aos novos familiares, mas esse era um detalhe que eu queria esconder da minha mãe. Claro que ela descobriu. Na minha casa, todos tinham segredos, mas ninguém guardava segredos. Nunca fomos o tipo de família que respeitava a privacidade de seus integrantes. Minha mãe me disse que estava magoada com minhas atitudes. Tentei explicar que eram apenas crianças e que nada tinham a ver com o conflito. Eu discordava de sua opinião, mas me sentia culpada por interagir com o inimigo, por assim dizer, especialmente quando ela me acusava de ser uma traidora. A dor da minha mãe era tão real que se tornou palpável. Ela se sentia uma mulher rejeitada. Vivia chorando, se recusava a conversar e ficava sozinha na maior parte do tempo.

Eu mesma já estava em um dilema e, para ser honesta, não havia espaço para a angústia de minha mãe em meio à renúncia da minha religião e à tentativa de planejar minha fuga. Em retrospecto, sinto que fui egoísta — ela passava por um momento difícil, sem qualquer apoio, exceto o das minhas irmãs mais velhas. Nossos parentes — tias, tios, primos e primas — defendiam meu pai, pois deveriam respeitar os preceitos que eles mesmos seguiam. Ser preterida não era motivo de tristeza. Fazia parte do ciclo de vida da boa esposa islâmica!

Para mim, é importante compreender o efeito nocivo que a religião pode ter sobre os indivíduos. Alguns a rejeitam, assim como eu fiz; outros creem e praticam a fé. Há aqueles que fingem ser crentes e seguem mantendo as aparências; e há aqueles que se tornam fanáticos. Temos muitos exemplos desse último tipo na Arábia Saudita. Meu irmão Mutlaq é um deles. Até mesmo os meus pais contestavam sua devoção cega. Não sei o que se apodera desses fanáticos para fazê-los pensar que tudo é uma conspiração, que todos são contra o islã. Eles retratam Allah como controlador, rancoroso, perverso e vingativo. Muçulmanos devotos não acreditam nessa descrição, mas fanáticos, sim. Eles sempre culpam os outros por seus problemas e chamam os estrangeiros de apóstatas, o que equivale a uma ameaça de morte para os sauditas. Por que as pessoas não podem escolher a própria fé? Como é aceitável o governo impor uma crença?

Eu ainda sofria muito com o paradoxo que era minha vida, e a depressão debilitante que me acometera no ano anterior ainda estava à espreita. Existe uma expressão árabe: "mwlam 'an yaetaqid klu min hawlik 'anak nayim . . . biaistithna' wasadatk hi alwahidat alty taraa haqiqataka", que, em tradução livre, significa: "É doloroso saber que todos ao seu redor pensam que você dorme…, mas seu travesseiro é o único que enxerga a verdade." Essas palavras indicam que o que mostramos às pessoas é o oposto do que está dentro de nós. Durante o último ano do ensino médio, essa era uma constante em minha vida.

REBELDIA

Naquele mesmo ano, Sasha, minha dócil gata caramelo, fugiu de casa. A essa altura, já tínhamos outros gatos — Kato e Lusi — e acabei adotando mais um, Leo, para me fazer companhia. Eu não tinha permissão para ir a lugar algum, é claro. Por ser uma garota, eu estava presa em casa, e ser uma garota deprimida significava ainda mais isolamento e rejeição. Então, voltei a sair furtivamente para encontrar minhas amigas em cafeterias. Embora eu já tivesse feito isso antes, tornei-me ainda mais audaciosa ao me esgueirar pelos corredores, escapar pela porta e correr pelas ruas. Muitas vezes, eu ria sozinha ao pensar na minha habilidade de desaparecer sem deixar rastros, como uma espécie de detetive. Admito que a capacidade de me safar dessas peripécias me intrigava. Encontrar minhas amigas era uma grande recompensa, principalmente porque ninguém ficava nos espreitando. Não precisávamos nos preocupar em sermos descobertas, pois os funcionários da cafeteria eram da Índia. Eles não falavam nossa língua e, aparentemente, não se importavam com nossas regras repressivas. Mas eu conhecia muito bem as consequências de ser pega. Embora minha mãe estivesse basicamente me ignorando, e meus irmãos, agora na faculdade, exercessem sua irremediável opressão em nossa casa apenas aos fins de semana, eu sabia que eles adorariam a oportunidade de me bater, como se isso aumentasse sua virilidade de homens sauditas. Que tipo de masculinidade requer a agressão de meninas?

Antes de começar a faculdade, durante o último semestre do ensino médio, decidi me matricular em uma academia e entrar em forma. Majed reagiu a essa notícia como se eu tivesse planejado um assassinato. Ele teve um de seus ataques de raiva e me proibiu. Muitos homens não aceitam a ideia de mulheres praticarem esportes, e vários clérigos rejeitam o direito feminino de participar de atividades esportivas. Eu sabia qual arma deveria usar para obter permissão — minha mãe, que conseguiu convencer meu irmão. Porém, havia uma condição: ele exigiu que ela fosse comigo e esperasse eu terminar meus exercícios. Todos os dias, na academia, minha mãe se sentava e esperava. No começo, fiquei animada e feliz com sua presença, como se meu treino lhe causasse uma boa impressão. Entretanto, após um tempo, vê-la ali começou a me chatear; era como se ela suspeitasse de algo e precisasse vigiar a filha rebelde. Além disso, nessa época, minha namorada terminou comigo. Parecia que o mundo estava desabando. Eu queria que minha mãe confiasse em mim, mas ela não confiava; queria que minha namorada me amasse, mas ela me largou; queria sair da Arábia Saudita para viver em outro lugar, mas não conseguia definir um plano.

Em 2018, um novo ciclo de reformas estava sendo discutido. O governo sugeriu amenizar algumas regras repressivas e talvez até conceder alguns direitos às mulheres. Eu estava cética desde o início. Os governantes sauditas dependem de uma monarquia absolutista totalitária para permanecer no poder; é uma ditadura hereditária, governada pelas linhagens islâmicas, que nunca considerou aceitar nada como a Declaração dos Direitos Humanos das Nações Unidas, sobre a qual eu havia lido nos sites ilegais da internet. Essas novas regras mais brandas poderiam se aplicar a locais como Riade, mas certamente não seriam adotadas na minha cidade, a região mais conservadora do país. Na verdade, eu achava que não aconteceriam mudanças em lugar nenhum. Enquanto navegava na internet, vi as consequências do pensamento liberal na Arábia Saudita. Muitos pensadores liberais morreram por serem considerados profanos. Durante o último ano do ensino médio, quando eu já tinha dezoito, quarenta pessoas foram enforcadas apenas por contestar o islã. Como alunas, trocávamos mensagens de texto secretas para compartilhar os detalhes dessa fatalidade e blasfemar o desprezo à liberdade de expressão.

Confesso que meu último ano do ensino médio foi um desafio, pois era difícil reprimir minhas opiniões, que abrangiam desde minhas colegas até as regras escolares. Cheguei a ser transferida para outro colégio, mas meus questionamentos e minha curiosidade me acompanharam. Certo dia, contei sobre minha fuga às meninas da nova escola; elas acharam a ideia absurda e disseram: "Seu pai lhe esperará no portão de embarque do aeroporto com uma arma." Tal como na minha antiga turma, senti que havia um abismo entre nós.

Eu tolerava cada vez menos as críticas de algumas professoras que me julgavam desordeira. Elas afirmavam que uma boa esposa venerava o marido, como se sua missão na vida fosse obedecê-lo; também alegavam que Allah abominava as mulheres que saíam de casa. Eu não conseguia engolir nada disso e sentia que elas ignoravam a verdade em nossas vidas. Nossas professoras nunca falavam sobre a guerra saudita no Iêmen, que ceifava tantas vidas inocentes. Nunca mencionavam os crimes cometidos por príncipes sauditas, um assunto comentado em sigilo por todas nós. E não havia uma palavra sequer sobre o EIIS — o Estado Islâmico do Iraque e da Síria (antes conhecido como EIIL, o Estado Islâmico do Iraque e do Levante). Esse grupo terrorista influenciava muitos jovens na Arábia Saudita, pois certos clérigos os incitavam à *jihad*, a luta contra os inimigos do islã. Enquanto acontecia todo esse tormentoso diálogo do lado de fora, dentro da escola havia apenas advertências religiosas sobre o comprimento de sua saia e a cor de seu *hijab*. Ou, no meu caso, o tamanho do cabelo, que ainda era curto demais para o gosto da diretora.

REBELDIA

Certo dia, uma professora me puxou de canto no corredor e disse que eu deveria parar de me vestir como um homem e começar a usar roupas vermelhas e cor-de-rosa, seguindo o exemplo das outras meninas. Pedi que ela me deixasse em paz, acarretando uma discussão com a diretora, que gritou comigo na frente das minhas colegas. Esclareci meu posicionamento: "Não sou criança, não me sinto um menino, independentemente da sua opinião sobre a cor das minhas roupas, e não fiz nada de errado. Seus padrões de beleza e feminilidade não me convêm."

Eu aturava o assédio, pois precisava manter a paz em casa e na escola enquanto passava noites compartilhando histórias com meu grupo online e assimilando os fascinantes detalhes de fuga. Minhas notas eram boas, o que simplificava um pouco a minha situação. Mas faltava algo nessa nova vida secreta — minha ex-namorada. Acabei lhe enviando uma mensagem para saber como estava lidando com o término. Desde que fui para outra escola, nunca mais nos falamos. Ela respondeu imediatamente e voltamos a conversar, rir e nos encontrar. Então, começamos a elaborar um plano para escapar de vez da Arábia Saudita.

A minha ideia não era simples e exigiria paciência, mas eu achava que poderia funcionar. Seria preciso convencer minha família a viajar para o exterior e, de lá, eu fugiria e buscaria asilo. Como a família da minha namorada costumava visitar lugares estrangeiros, imaginei que ela conseguiria fazer o mesmo. O primeiro obstáculo consistia no fato de que nunca viajávamos para países ocidentais, apenas para países árabes próximos. Mas eu tinha um plano para resolver esse impasse — plantar minha ideia como se fosse uma semente, lhe dar tempo para germinar e, então, regá-la com cuidado e persistência até que estivesse pronta para florescer. Já que Lamia e o marido haviam passado a lua de mel na Europa, iniciei meu esquema pedindo à minha irmã que relatasse sua experiência. Ela falou sobre a paisagem — como tudo era verde em comparação ao nosso deserto —, a deliciosa gastronomia e as pessoas gentis que conheceram na Bósnia. Também contou histórias engraçadas sobre o clima frio e o que eles fizeram para se manter aquecidos. Minha mãe prestava atenção em cada palavra — estava funcionando. Mas, embora sua vontade de conhecer a Europa fosse evidente, ela permanecia relutante em viajar para um lugar com costumes tão diferentes. Quando sugeri que aproveitássemos um feriado para visitar o Ocidente, minha mãe disse: "É arriscado demais! Seu irmão Majed rejeitará a ideia por medo de que um ocidental bêbado a estupre! Se isso acontecer, ele terá que matar você e o homem e acabará se suicidando!" Uma reação demasiadamente exagerada à proposta de conhecer um lugar novo. Como seu desespero prejudicaria meu plano, sugeri que fôssemos à Turquia. Mergulhei no devaneio da expectativa, me imaginando em uma bela cidade, contemplando o mar sem *niqab*, sem *abaya*, até que a voz da minha mãe me fez voltar à realidade: "Bem, vou conversar com Mutlaq. Talvez ele concorde."

Alguns dias se passaram enquanto eu me preocupava com o andamento do plano, mas então minha mãe disse a Mutlaq que queríamos conhecer um país estrangeiro. E, para meu mais profundo espanto, ele concordou e começou a planejar a viagem, se oferecendo para pagar metade das despesas.

Agora eu precisava manter tudo nos conformes. O Ramadã começaria no final de maio, ou seja, antes da viagem. Seria o terceiro ou o quarto Ramadã em que eu ignoraria o jejum (sem comida do amanhecer ao anoitecer), uma exigência do islã. É claro que eu apanharia por desrespeitar essa obrigação, mas, como a violência já havia se tornado o padrão em minha vida, ninguém se importava. Dessa vez, porém, fingi jejuar, pois não queria atrapalhar meu plano. Apesar de todo o meu cuidado para manter a paz familiar, Fahad se esqueceu de rezar e ir à mesquita, levando uma surra tão forte que quase foi parar no hospital. Majed pegou uma barra de ferro e bateu em seu rosto até que ele sangrasse e não conseguisse mais falar. Era como se quisesse matá-lo. Até minha mãe ficou assustada com a reação grotesca. A religião é uma arma poderosa para os sauditas, especialmente para meus irmãos mais velhos. Na minha opinião, é um perigo para nossas vidas, e não uma devoção a Allah.

Naquele Ramadã, fiz o possível para conquistar a credibilidade de minha família: tratei todos gentilmente, cozinhei seus pratos favoritos ao final do jejum noturno e os servi com carinho. Como seria meu último Ramadã, eu queria que fosse uma ocasião repleta de ternura e benevolência. Minha intenção era que meus familiares se lembrassem de mim como uma filha amorosa.

Logo depois do Ramadã, celebramos o Eid al-Fitr, a festa do desjejum e meu evento favorito. Todo mundo se reúne de manhãzinha para fazer as orações do Eid, que marcam a purificação do pecado por meio do jejum. As mulheres e os homens da vizinhança vão para a mesma mesquita. Embora tivesse abandonado minha crença há muito tempo, eu adorava essa tradição, pois todos sorriem e se abençoam, sejam estranhos, sejam velhos amigos, sejam parentes. Depois, nos encontramos com nossos vizinhos, geralmente em nossa casa, onde celebramos a festa do Eid, que inclui uma fartura de comida.

Assim que o Eid terminou, enquanto eu tentava encorajar discretamente minha mãe a dar prosseguimento no plano de férias, percebi que Lamia estava se vestindo de maneira diferente. Ela sempre foi a estilosa da família; na verdade, era a que mais se safava ao quebrar as conservadoras regras de vestimenta. Na minha opinião, conseguia sair ilesa por ser a mais velha e ter um bom relacionamento com nossa mãe. Mas, então, minha irmã começou a usar roupas bem simples, como saias e blusas desbotadas, e nos contou que o marido controlava suas escolhas. Ficamos em silêncio, mas meu coração doeu ao ver uma garota alegre e bem-vestida abandonar seu estilo e sua imagem em virtude de um homem. Por mais que sentisse pena de Lamia, eu desejava com todas as forças que esse não fosse o meu destino.

Em julho, Mutlaq anunciou que viajaríamos de avião para a Turquia nas férias, avisando que apenas quatro de nós iríamos — ele, Joud, minha mãe e eu. Concluí que seria minha chance de fugir e decidi testar meu plano assim que chegássemos lá.

Os problemas começaram quando pousamos em Trabzon, na Turquia, no meio da noite. Ao entrarmos no aeroporto, o oficial pediu que eu e minha mãe removêssemos o *niqab* para que pudesse ver nossos rostos. Eu sabia que meu irmão ficaria indignado e prendi a respiração, aguardando o que se sucederia. Mutlaq era tão ameaçador que o homem começou a gaguejar e suar, mas se ateve às regras e disse que, se quiséssemos entrar no país, as coberturas faciais precisavam ser retiradas. Para mim, toda a situação era uma conquista satisfatória e senti certo prazer em ver meu irmão se contorcer de raiva perante uma pessoa com mais autoridade do que ele.

Após resolver esse impasse, pegamos o carro alugado e dirigimos até o hotel. Tudo me fascinava — a bela cidade, o hotel luxuoso, a emoção de estar em um lugar estrangeiro. Nossos quartos eram separados; Mutlaq estava em uma ala e eu, minha mãe e Joud, em outra. Quando elas dormiam, eu escapava sem *abaya* e *niqab* e caminhava pelas ruas em uma grande aventura — conversava com estranhos, sentava nas cafeterias e me sentia profundamente entretida pelas novidades. Comecei a pensar que talvez fosse minha chance de fugir para a Geórgia, um país vizinho da Turquia. Antes da viagem, discuti esse plano com meu grupo online e a sugestão foi que eu cruzasse a fronteira e pedisse asilo na embaixada da França. Como uma de minhas amigas tinha feito exatamente isso — cruzou a fronteira até Tbilisi, a capital da Geórgia, e solicitou asilo na embaixada francesa —, concluí que daria certo.

Durante minhas peripécias noturnas, eu analisava os mapas da fronteira, as paradas e os horários de ônibus, me perguntando como poderia furtar meu passaporte da mochila do meu irmão. As pessoas com quem conversei disseram que a estrada para a Geórgia era perigosa, repleta de bandidos e famosa pelos roubos de veículos. Além do mais, a rota passava pelo topo das montanhas e era muito isolada. Quanto mais informações eu obtinha, menos me sentia segura para partir. No final, acabei constatando que não era o momento certo. Não fiquei triste pela oportunidade perdida, pois havia aprendido muito e testado minhas teorias de fuga, adquirindo experiência para a chance seguinte. Pelo menos havia convencido minha família a viajar para um país estrangeiro. Da próxima vez, essa parte seria fácil.

Ao chegarmos em casa, logo perguntei quando poderíamos voltar, relembrando os momentos maravilhosos que passamos. Minhas esperanças foram frustradas pela resposta de minha mãe e meu irmão, que explicaram que demoraria uns dois ou três anos até que conseguíssemos fazer outra viagem como aquela. Sucumbi a um silêncio prolongado, me perguntando o que poderia fazer e se deveria ter aproveitado a oportunidade enquanto estávamos na Turquia. Meus sentimentos de decepção e desânimo permaneceram até setembro, mês de início das aulas na Universidade de Ha'il.

Implorei que meus pais me deixassem cursar a universidade em outra cidade, com sorte, Riade ou Jidá, onde as regras eram um pouco menos conservadoras, onde garotos e garotas interagiam e onde eu poderia ficar longe da família e mudar minha vida. É claro que eles recusaram categoricamente. Então, no outono de 2018, me matriculei na Universidade de Ha'il. Dentro do campus, podíamos tirar as *abayas*, mas nossa aparência continuava sem graça — saias longas e blusas de mangas compridas, sem maquiagem. Era permitido ficar sem *hijab* se o seu cabelo fosse comprido; se fosse curto, nem pensar.

Minha autonomia para escolher a grade curricular era nula, e isso me enfurecia. Minha mãe e Majed discutiam as disciplinas a serem cursadas bem na minha frente, como se eu não tivesse opinião nem capacidade de tomar decisões. Parecia que conversavam sobre outra pessoa, e não sobre a filha, a irmã, o ser humano sentado ao lado deles. Esse tipo de ostracismo motivava meus planos de fuga, que exigiam bastante pesquisa e cautela. Na época, meu maior medo era envelhecer naquele lugar, nunca ser livre, nunca realizar meus sonhos.

Apesar de todos esses infortúnios, mantive as esperanças. Comecei a faculdade e assumi uma nova postura, uma garota discreta que não gostava de se misturar. Ao longo do primeiro semestre, me aproximei da família, como se fosse uma forma de me despedir. Eu havia decidido que, naquele ano, teria uma vida distante da Arábia Saudita — independentemente da dificuldade e dos custos do esforço.

Então, Majed passou a me importunar ainda mais, pois estava determinado a me tirar da universidade. Felizmente, minha mãe intercedeu a meu favor. Ela estava com raiva, o que me deixou satisfeita, e disse na frente de toda a família: "Antes de morrer, desejo ver as minhas filhas formadas e empregadas." Depois, falou apenas para mim: "Os homens têm inveja das mulheres e não querem que elas tenham mais sucesso do que eles."

Eu frequentava as aulas com essas mensagens contrastantes martelando em minha mente. Minha mãe me incentivava a alcançar meu sonho, mas meu sonho era escapar da Arábia Saudita. E eu dedicaria todo o meu tempo a encontrar a saída.

Ao mesmo tempo que entrei na faculdade, minha namorada foi estudar no exterior. Passamos por uma adaptação, para dizer o mínimo. A Universidade de Ha'il tinha o tamanho de uma cidadezinha, com vários prédios e belos jardins, além de seguranças em todos os portões para nos revistar, conferir nossas mochilas e evitar que saíssemos durante as aulas. Havia regras rígidas que exigiam que as meninas permanecessem no campus a manhã toda, mesmo no horário livre. Mas minha classe teve sorte, pois, no nosso primeiro ano, o sistema mudou e obtivemos permissão para sair, desde que comprovássemos as janelas na grade curricular — algo simples de falsificar e, a meu ver, uma oportunidade de passear e ser livre. Eu aproveitava para encontrar minhas amigas ou comer em um restaurante com as alunas que também haviam se esquivado dos seguranças. Mas, geralmente, gostava de ficar sozinha para tomar sol, sentir o vento no rosto. Eu tirava meu *niqab* e fazia coisas comuns, como sentar no parque, tomar sorvete, ler livros da biblioteca ou apenas caminhar pelas ruas, conhecendo o bairro e as lojas.

Na minha cidade, era anormal e inaceitável ver uma garota sem *niqab*, então, sempre que pegava um táxi para ir aonde queria, o motorista perguntava se eu era saudita. Quando respondia que era de Ha'il, ele começava a me paquerar, dizendo que eu era diferente das meninas da cidade! Ninguém gosta de ver uma garota sozinha na rua. Exatamente como já havia acontecido, nas minhas aventuras sem um responsável, os valentões e os babacas me mandavam cobrir o rosto e alguns homens faziam comentários asquerosos.

Em outubro de 2018, saí do campus e fui à livraria comprar uns livros de que precisava. Minha próxima aula começaria às 11h e, para não me atrasar, chamei um táxi. Sentei-me no banco de trás; o motorista permanecia quieto, observando-me pelo retrovisor. De repente, ele se virou, como se não acreditasse no que tinha visto. Obviamente, ficou surpreso por meu rosto estar descoberto. Então, começou a me fazer perguntas pessoais — se eu era casada ou tinha namorado. Em vez de responder, apenas ri de forma sarcástica. Ha'il é cercada de saídas para o deserto e as montanhas; em questão de instantes, é possível sair de uma rua movimentada e adentrar uma estrada isolada. Foi o que o motorista fez, enquanto olhava para mim e repetia: "Só dois minutos, só dois minutos." Fiquei desesperada e comecei a gritar loucamente, mas ele parou o carro em meio aos arbustos, rastejou até o banco de trás e me imobilizou. Ao implorar que me deixasse ir embora, o motorista afirmou: "Não há ninguém aqui. Você não pode ir a lugar nenhum." Então me estuprou. Eu não era forte o suficiente para me libertar. Durante toda a agressão, ele me dizia para manter a calma. Quando terminou, simplesmente voltou para o banco da frente e dirigiu sem dizer uma palavra. Enviei uma mensagem para uma amiga, revelando minha localização caso o monstro ao volante decidisse me largar no meio do caminho. Quando paramos na universidade, foi essa amiga quem me tirou do carro. Nós duas chorávamos enquanto ela me repreendia por sair desacompanhada e sem véu. Sua raiva era perceptível. Discutíamos tão alto que outra garota nos interrompeu: "Cuidado, as pessoas podem ouvir e começarão a comentar." Uma outra amiga lembrou que minha família poderia descobrir se eu não ficasse quieta: "Todo mundo conhece seu pai." Era um código para *sua vida está em perigo.*

Lá estavam as evidências que faltavam para eu compreender a posição das garotas na Arábia Saudita. O motorista que me estuprou simplesmente foi embora; ele sabia que não seria responsabilizado por seu crime. Minha amiga da universidade queria garantir meu silêncio para que meu famoso pai e a família dele nunca descobrissem o estupro. Por quê? Porque ter a pureza violada acarreta a morte — um caso clássico de crime de honra. Claro que o motorista sabia disso. Claro que essa amiga entendia que minha vida corria mais perigo nas mãos da minha família do que nas mãos do estuprador. Eu era apenas uma garota que desejava sentir o vento no rosto; uma vítima da violência masculina de um estranho e, possivelmente, do próprio pai.

Ao chegar em casa, me senti impotente, com nojo do meu corpo, cheia de ódio por todos que me machucaram ou deixaram de me ajudar. Remoí a oportunidade perdida na Turquia e comecei a me culpar pelas desgraças em minha vida — as surras, a ridicularização, o estupro, as incontáveis recusas.

Naquele dia, só encontrei o apoio necessário para recuperar minha força quando acessei a mídia social clandestina.

Uma das garotas de quem eu gostava muito contou que tinha sido estuprada. Suas palavras e as minhas corroboravam nosso objetivo de escapar de um país que destrata suas mulheres. Ainda naquele mês, minha melhor amiga da internet conseguiu fugir para a Austrália. Assim que ela chegou em segurança, redefini meu sonho, passando a desejar uma nova vida no mesmo lugar. Pesquisei bastante sobre o país e concluí que era perfeito para mim. Revelei o novo plano à minha namorada, que afirmou estar pronta para abandonar tudo e me encontrar na Austrália. A ideia de podermos sentar em uma cafeteria, ir à praia, mergulhar no mar de maiô e viver em um lugar onde existia igualdade entre meninas e meninos era tão agradável que eu mal podia esperar. Eu estava determinada a realizar meu sonho, a finalizar meus estudos na Austrália, a me tornar uma atriz. Baixei alguns aplicativos, nos quais descobri onde gostaria de morar — Melbourne — e fiz novas amizades com pessoas que compartilhavam sua experiência no país. Era como tecer um tapete, cujos fios da vida boa se entrelaçavam.

Agora eu só precisava encontrar a saída. Falei para minha mãe sobre o quão divertido seria se, no início do ano, visitássemos nossos parentes no Kuwait. Enquanto ela ponderava a ideia, acatei uma dica das garotas da internet — depositar dinheiro na conta de uma amiga e usá-la sempre que precisasse adquirir algo para minha fuga. Comecei a transferir todas as minhas economias para essa conta emprestada — a bolsa mensal que os estudantes sauditas recebem do governo; a quantia que pedia a cada um dos meus pais, separadamente, para comprar coisas que inventava serem necessárias; e a mesada que ganhava da minha mãe. Aos poucos, o dinheiro na conta aumentava. Eu me sentia fortalecida pela minha capacidade de agir e encontrar um caminho. Quando juntei o suficiente, solicitei o visto australiano pela internet e paguei as taxas assim que foi deferido. Era como riscar itens de uma lista de compras — quanto mais ela diminuía, mais eu me aproximava da minha fuga. Também constatei que precisava controlar meus impulsos de matar aula, sair de casa furtivamente, encontrar amigas em cafeterias proibidas. Nada deveria atrapalhar meu plano. Eu não podia me dar ao luxo de causar problemas que me deixariam de castigo ou me fariam ser expulsa da faculdade. Pela primeira vez na vida, eu precisaria me ajustar à realidade saudita.

Em meio a toda essa conspiração clandestina, Lamia teve seu primeiro bebê — uma linda e adorável garotinha que conquistou meu coração imediatamente. Sempre que eu a segurava e fitava seus olhos, me perguntava o que sua mãe diria sobre minha partida. Quando ela fizesse dezoito anos, a família contaria o motivo da minha fuga ou esconderia a verdade inventando que morri?

No final de novembro, uma briga com Majed me acordou do sonho que eu vivia após o nascimento da minha sobrinha. Foi tudo por causa de uma consulta no dentista. Ele foi comigo até o consultório e, como eu já conhecia o dentista, entrei, fiz o procedimento e saí. Após caminharmos alguns metros, Majed me agarrou e começou a me estrangular. Estava enfurecido, gritando: "Por que você entrou antes de mim e cumprimentou o dentista, um estranho, como se um homem não a acompanhasse?" Tentei manter a calma, aguentar a surra, passar por aquela briga sem revidar. Meu irmão tinha feito exatamente o que eu mais odiava — me tratou como um objeto inanimado, uma pessoa invisível, só porque sou mulher. Naquele dia, fiquei calada, mas jurei a mim mesma que me vingaria de Majed e de todos os familiares que anulavam meu valor por ser mulher.

Em dezembro, enquanto eu estudava para as provas finais da faculdade, a família começou a cogitar uma viagem no início de janeiro. Eu tentava manter a compostura à medida que os planos avançavam, retrocediam e avançavam novamente. As decisões pareciam mudar a cada semana. Quem iria? Reem ficaria de fora, pois não estava bem o suficiente. Lamia, é claro, tinha que ficar com o bebê e o marido. Todos os meus irmãos disseram que viajariam, o que me apavorava, pois dificultaria minha fuga. Por fim, ficou combinado que partiríamos no dia 31 de dezembro. Faltavam apenas algumas semanas.

Foi fácil concluir: era o momento de ir embora. Recorri à rede, compartilhei minha decisão e pedi auxílio para delinear o estágio final do meu plano. As férias de família no Kuwait já estavam definidas. Agora eu precisava trabalhar nos detalhes — definir as ferramentas de fuga necessárias. Minhas amigas da internet me ajudaram a identificar o que eu deveria fazer. Então, cautelosamente, esquematizei todas as etapas, que exigiriam confiança na rede, um pouco de sorte e mais paciência do que jamais tive. Mas, com diligência e minuciosidade, o plano começava a se concretizar. Eu tinha o visto e o dinheiro na conta secreta — o suficiente para comprar uma passagem de avião e bancar o que poderiam ser vários dias me escondendo e me esquivando das autoridades.

Eu estava pronta para partir.

Capítulo Seis

Libertação

Bangkok: Aeroporto de Suvarnabhumi,

5 de janeiro, sábado, 21h

Quando percebi que havia caído em uma armadilha, a sensação de liberdade e alívio imediatamente desapareceu. A realidade destruiu meu sonho exultante de escapar do abuso dos meus familiares, da injustiça do meu país e de um futuro que me acorrentaria a um marido mais velho, com controle absoluto da minha vida até que eu morresse. Ser assassinada por meu pai e meus irmãos devido à ousadia de fugir era outro risco iminente. Como explicaria a partida matinal do hotel no Kuwait enquanto minha família dormia? Ou a passagem que comprei para Bangkok? Ou o visto australiano armazenado no meu celular? Meu plano foi cuidadosamente traçado: em Bangkok, ficaria alguns dias no hotel que já tinha reservado e, depois, voaria para Melbourne, onde outra fugitiva saudita me encontraria. Assim que atravessasse o saguão de desembarque, eu solicitaria asilo e minha nova vida começaria.

Em vez disso, eu estava presa no aeroporto. Meu medo era como um clarão cintilando em minha mente. Eu tremia e suava; podia visualizar meu futuro desmoronando, minha própria vida terminando. As pessoas na minha frente — o homem que inocentemente presumi ser gentil, a mulher que evitava olhar para uma garota apavorada — formavam cenas estáticas de um filme de terror enquanto meu cérebro entrava em câmera lenta, conflitando o passado com o presente. Por mais que me sentisse um animal encurralado, meu instinto de sobrevivência alertava para a necessidade de manter a calma e pensar no que fazer. Certamente, eles me deteriam e me mandariam de volta. Eu precisava descobrir como impedi-los.

O tailandês que, na verdade, era um agente da embaixada saudita e se tornou meu inimigo me mandou ficar perto do balcão de controle de passaportes. Meu documento estava em suas mãos. Eu não sabia se deveria lhe implorar por ajuda ou atacá-lo para que conseguisse correr até a parte principal do aeroporto. Ele segurou meu braço e me levou até uma cadeira, onde me sentei por quinze minutos, que pareceram quinze horas. Eu perscrutava o ambiente, me perguntando quem poderia me socorrer. Enquanto esperava, o semblante de Dina

REBELDIA

Ali veio à minha mente. Ela era uma fugitiva saudita, assim como eu. Enquanto tentava chegar à Austrália, foi barrada nas Filipinas, da mesma forma que fui impedida em Bangkok. O oficial pegou seu passaporte e seu celular, pois sua passagem estava nele. Dina abordou uma turista canadense, explicando que estava em perigo, que sua família a mataria, e pediu seu telefone emprestado. Elas contataram todas as entidades possíveis — organizações de direitos humanos, organizações humanitárias, a polícia de Manila, os jornais de Manila —, mas não obtiveram sucesso. As autoridades aeroportuárias alegaram ter recebido uma ligação de uma pessoa influente na Arábia Saudita, que lhes pediu para confiscar seus documentos e impedir sua fuga. Dina postou a seguinte mensagem na internet:[12]

> *Meu nome é Dina Ali e escapei da Arábia Saudita para buscar asilo na Austrália. Estou detida nas Filipinas. Eles pegaram meu passaporte e me prenderam por treze horas apenas porque sou uma mulher saudita. Com a colaboração da embaixada do meu país, minha família virá para me matar. Se eu voltar, serei assassinada. Por favor, me ajudem. Minha história é real. Estou gravando este vídeo para que vocês saibam onde estou.*

O oficial filipino disse que ligou para a sua família e, claro, dois homens apareceram afirmando que eram seus tios e cuidariam dela. Dina gritava no aeroporto, informando que o homem que insistia em levá-la para casa não era o seu pai; ela suplicava a ajuda dos funcionários e dos turistas. Mas eles não reagiram. Os supostos tios foram embora e um advogado aparentemente simpático pediu que Dina se acalmasse e o acompanhasse, pois ele recuperaria seus documentos. A canadense que permaneceu ao seu lado durante o suplício se despediu ao inferir que ela ficaria bem. Mas tudo era um truque. O advogado, na verdade, era um encarregado do governo saudita. O mais impressionante é que ninguém nesses aeroportos compreende o perigo que uma fugitiva corre. Todo mundo sabe que as mulheres na Arábia Saudita vivem sob constante ameaça de morte. A comunidade internacional tem consciência do que está acontecendo — li as notícias em sites ilegais. Os chefes de Estado também estão cientes. Então, por que não existe uma linha direta? Por que as autoridades aeroportuárias têm autonomia para enviar uma garota à morte certa? Ainda em Ha'il, assisti ao vídeo da situação de Dina Ali pelas redes sociais. Um passageiro na sala de embarque gravou o sequestro chocante dessa mulher inocente. Eles amarraram seus tornozelos e colocaram fita adesiva em sua boca, imobilizando-a em uma cadeira de rodas e cobrindo-a com uma manta, enquanto ela se debatia pelo trajeto até o avião saudita. Seu paradeiro permanece desconhecido.

Eu achava que estava prestes a enfrentar o mesmo destino. Sentada ali no aeroporto, eu me perguntava o que ocorreria a seguir, o que poderia fazer para me salvar. Então vi um grupo caminhando arrogantemente em minha direção, como se fosse um bando de carrascos — o tailandês, cinco seguranças e um outro homem que parecia árabe. Mesmo antes de chegarem até mim, eu sabia o que tinha acontecido: meus familiares acordaram, descobriram minha fuga e ligaram para meu pai, que aproveitou seu poder e sua influência para conversar com as autoridades aeroportuárias e instruí-las a armar uma emboscada. Pensei: *É isso; minha vida acabou, eles vão me algemar e me levar embora.*

Quando o grupo se aproximou, levantei-me e dei alguns passos para trás. Mantive-me calada, mas tive certeza de que a imensa apreensão e o medo paralisante estampavam meu rosto enquanto eu me afastava, ainda tentando bolar um plano de fuga. Eles revelaram a verdade: a embaixada saudita emitira um alerta a pedido da minha família. O tailandês afirmou que estava lá como mediador e que era seu dever me levar de volta para casa. O homem de aparência árabe, que na verdade era kuwaitiano, disse que trabalhava para a Kuwait

Airways. Senti uma vontade instantânea de denunciá-los, de expor aquela situação desumana — uma jovem, evidentemente apavorada, sendo coagida por sete homens. Era como estar à mercê da máfia.

Lembrei-me do que os sauditas fizeram com Jamal Khashoggi, o dissidente que se atreveu a criticar o príncipe herdeiro e o rei pela falta de direitos humanos no país. Acompanhei sua história em sites ilegais, onde obtive várias informações sobre a Arábia Saudita. Em sua coluna no *Washington Post* e em suas aparições regulares no canal de notícias Al-Arab, Khashoggi manifestava constantemente sua desaprovação, um risco que o fez deixar o país um ano antes da minha fuga. Como pretendia se casar e precisava dos documentos para a cerimônia, foi à embaixada saudita em Istambul a fim de retirá-los. Ele nunca mais foi visto. Mais tarde, constatou-se o homicídio dentro da embaixada; seu corpo foi esquartejado e removido por um grupo de assassinos que viajou do Reino até Istambul para matá-lo. Um ano depois, apenas seis semanas antes da minha fuga, li nas redes sociais que, embora a família real reconhecesse o assassinato, ninguém foi responsabilizado. Ao ver seu rosto pelo meu celular, pensei em como Khashoggi era sorridente e parecia amigável; também vi fotos de sua noiva do lado de fora da embaixada, aguardando pacientemente pelo amado, que jamais sairia dali.

REBELDIA

As imagens registradas pela câmera de segurança chamaram minha atenção. De início, ela parecia estar em paz, provavelmente feliz e cheia de planos para o futuro até que... Quanto tempo demorou para que caísse na real? Visualizar aquelas fotos enquanto lia sobre o assassinato de Khashoggi me fez perceber: *A felicidade dessa mulher foi destruída.* Porém, a sua preocupação naquele momento de espera não seria nada comparada à horrível verdade que viria à tona.

Parada ali, fitando o bando de capangas à minha frente, eu me perguntava se acabaria como Jamal Khashoggi ou Dina Ali — assassinada ou desaparecida.

Os homens estavam agrupados, me observando, cochichando uns com os outros. Eu não conseguia ouvir o que diziam, mas decidi filmá-los e gravar minha própria voz: "A embaixada me deteve." Enviei o vídeo para uma amiga. Embora não tivesse tempo de divulgar toda a situação, pelo menos me certifiquei de que alguém soubesse minha localização e o que tinha acontecido. Eu tentava manter uma expressão confiante, mas a verdade é que beirava o desespero. Não sabia o que fazer. Meu plano cuidadosamente planejado não contava com uma estratégia para tal impasse. Pensei em fugir, pulando a barreira da alfândega para correr até a parte principal do aeroporto e pedir ajuda a um tripulante de uma companhia aérea estrangeira — uma companhia aérea ocidental — que, inferi, seria humanitária. O que deveria fazer? O futuro estava realmente fora do meu alcance? Submeter-me àqueles homens parecia uma má ideia. Minha bagagem havia sido despachada. O tailandês estava com meu passaporte. Eu tinha apenas minha mochila. Decidi fugir. Não sabia para onde, mas esperava encontrar uma saída e chegar à cidade, onde poderia desaparecer. O tailandês veio em minha direção. Disparei o mais rápido que pude, empurrando-o com uma mão e tentando pegar meu passaporte com a outra. Consegui. Rapidamente enfiei o documento dentro da calça jeans, pois ele não ousaria me revistar para pegá-lo. Os seguranças previram minha rota e saltaram a barreira para me impedir. Eles me encurralaram de ambos os lados, então parei de correr. O agente tailandês parecia irritado e os outros seis homens se reuniram ao meu redor, formando um círculo que eu sabia que não conseguiria atravessar.

Depois que fui cercada, o kuwaitiano declarou algo que me surpreendeu: "Não esperava que você estivesse usando roupas assim quando o avião pousou." Isso significava que ele estava me vigiando, monitorando as câmeras do desembarque à procura de uma mulher com *abaya* e *niqab*. "Achei que você se pareceria com uma saudita", afirmou. Refleti: *Por que ele verificava as filmagens? Quantas pessoas perseguia dessa forma?* Então alegou: "Você parece normal. Por que seu pai me disse que você está doente e precisa de tratamento para transtorno mental?" Fiquei chocada, absolutamente abalada com o comentário, e perguntei: "Ele disse isso?" O homem assentiu e me mostrou uma mensagem no WhatsApp enviada por meu pai — era um prontuário falso de um hospital psiquiátrico relatando que eu estava mentalmente doente. Havia uma foto minha para que eu fosse facilmente identificada assim que chegasse ao aeroporto. De súbito, paralisei. Calafrios percorreram todo o meu corpo. Minha visão embaçou e me lembrei do que meu pai disse sobre Reem depois que ela o acusou de estuprá-la. Ninguém acreditou na minha irmã. Como seria possível um pai cometer uma atrocidade tão terrível com a própria filha? Todos concordamos que a pobre Reem estava sofrendo de uma ansiedade que desconhecíamos e que sua acusação era descabida. Os detalhes daquela noite catastrófica e os dias que se seguiram invadiam meu pensamento enquanto eu assimilava as palavras do kuwaitiano. Quando minha irmã contou à família o suposto ato de nosso pai, ele alegou que ela estava mentalmente doente, internando-a em um hospital psiquiátrico, onde foi silenciada com remédios que comprometeram seu discernimento. Ao voltar para casa, ela parecia um zumbi e passou a depender de nossos cuidados. Parada ali no aeroporto, tive a impressão repentina de que Reem havia dito a verdade, que meu pai havia estuprado a própria filha. Também concluí que, ao declarar que ela era doente, colocando-a em um hospital psiquiátrico, ele a condenou a uma vida de dependência química — medicamentos que prejudicavam sua mente. Cheguei até a me questionar se os responsáveis por seu tratamento tinham sido subornados. Vergonha, vergonha, vergonha desse homem que acredita no código de honra.

Eu me recompus e tentei convencer o kuwaitiano de que meu pai tinha autoridade suficiente para me internar em uma instituição psiquiátrica e arruinar minha vida. Era óbvio que aquele homem sentia empatia por mim e não acreditava no meu pai. Então por que não queria me ajudar? Era apenas mais um que considerava as meninas descartáveis, aceitando o fato de que não havia nada que pudesse fazer para mudar essa circunstância obsoleta? Eu me sentia desamparada, à mercê de pessoas tenebrosamente influentes e poderosas. Naquele momento, me rendi e desisti do meu plano de fuga; meu sonho de viver em liberdade estava arruinado. Entreguei-me ao desânimo, pensando: *É o fim, serei enviada de volta.* Sentei-me, imaginando meu retorno e me preparando para a realidade de que minha vida acabaria. Tinha certeza de que meu pai me assassinaria. Será que me mataria imediatamente ou me faria sumir para que ninguém soubesse do meu paradeiro? Eu queria chorar, mas, por algum motivo, as lágrimas não brotavam. Não sei como, mas conseguia me mostrar forte, apesar do turbilhão de emoções. Eu focava o futuro, as consequências da tentativa de fuga. Inerte naquela cadeira, eu esperava que não fosse esquecida depois que desaparecesse. Desejava que alguém conhecesse minha história. Após algum tempo, não sei quanto, parei de me preocupar com meu plano fracassado e anuviei meus pensamentos. Já com a mente vazia, ouvi palavras que mudaram tudo. O tailandês disse que a viagem de volta ao Kuwait seria em dois dias e que eles me colocariam em um hotel no aeroporto para aguardar o voo. O quê? Dois dias? Um hotel? Mal podia acreditar e realmente pensei: *AINDA HÁ ESPERANÇA.* Tinha certeza de que era um sinal — eu precisava lutar por minha vida e minha liberdade. Em vez de ponderar meu próximo passo, agi por instinto e decidi fugir novamente. Saí correndo, tentando me desvencilhar daqueles homens enquanto gritava por socorro. Usei o celular para gravar meus apelos e as reações de turistas, lojistas e funcionários do aeroporto que me encaravam como se eu fosse malcriada, uma típica adolescente ou simplesmente um problema que seria melhor ignorar. Um dos diálogos com um funcionário do aeroporto ocorreu da seguinte forma:

RAHAF: Por favor, me ajude.

FUNCIONÁRIO: Seu visto não foi concedido.

RAHAF: Mas eu estou em perigo.

FUNCIONÁRIO: Está? Como?

RAHAF: Sim, é muito perigoso para mim.

FUNCIONÁRIO: Como assim é muito perigoso para você?

RAHAF: A Arábia Saudita é muito perigosa para mim. Não posso voltar.

FUNCIONÁRIO: É preciso esperar o avião para o Kuwait. Ele não vai para a Arábia Saudita. Você chegou em um avião do Kuwait, então partirá em um avião do Kuwait. Você não pode ficar aqui.

A conversa foi ridícula. Mas era uma prova de que, assim como as autoridades aeroportuárias das Filipinas se recusaram a socorrer Dina Ali, aquele funcionário não estava interessado em me ajudar.

O diálogo foi interrompido, pois o segurança me alcançou, me empurrou a ponto de machucar meu peito e me arrastou de volta enquanto eu gritava por socorro. As pessoas me notavam, olhavam para mim, mas ninguém me ajudava. Ninguém. Em seguida, os homens me levaram para uma sala no piso inferior do aeroporto. Ao longo do caminho, observei com atenção, procurando uma saída. Vi uma porta que dava para a rua. Ela estava aberta; era possível ver a calçada, o asfalto e o céu. Como poderia atravessá-la? Tentei memorizar sua

REBELDIA

localização, cada um de seus lados, na esperança de me livrar dos seguranças, correr até lá e fugir. O kuwaitiano percebeu e riu ao dizer: "Nem pense em escapar. Se você envergonhar a embaixada saudita, vai se arrepender." Uma ameaça velada. Novamente, me lembrei de Jamal Khashoggi.

Assim que chegamos à sala, cometi um erro estratégico. Os homens me pediram para assinar uns papéis em tailandês e mostrar meu passaporte, pois precisavam de informações adicionais. Não sei se eu estava muito cansada ou distraída, mas acabei baixando a guarda e tirei o documento da calça. Como se fosse uma víbora dando o bote, o tailandês investiu contra mim, agarrou meu passaporte e o enfiou no bolso. Sua expressão de triunfo era deplorável — lá estava um adulto enganando e subjugando uma garota assustada. Ele apenas reforçou minha impressão sobre os homens: eles farão qualquer coisa para proteger sua reputação, para que pareçam superiores na frente de outros homens, quando na verdade estão desrespeitando as leis da decência.

Saímos da sala, marchando como uma fanfarra de sete homens e uma jovem até a parte principal do aeroporto, repleta de lojas e banheiros, com várias pessoas carregando suas bagagens. Pedi ao tailandês que me entregasse o passaporte. Ele disse que me devolveria em dois dias, quando meu voo estivesse pronto para partir e eu entrasse na sala de embarque. À medida que caminhávamos, o kuwaitiano agia como se fôssemos velhos amigos, conversando comigo, me contando que conhecia meu primo e que todos aqueles homens trabalhavam no aeroporto. Eu tentava assimilar as informações, deduzindo como havia sido o processo — meu pai ligou para meu primo, que transmitiu os comandos e as ameaças ao pessoal da Kuwait Airways; por temer uma retaliação, eles cederam e cumpriram as ordens, em vez de proteger sua passageira.

Em meio a essa reflexão, o kuwaitiano declarou: "Seu pai vai me ligar. Quer atendê-lo?" Respondi: "Jamais." Ele indagou: "E seu irmão mais velho?" Naquele momento, eu estava aos prantos e concordei em falar com Mutlaq. Ao ouvir sua voz, afirmei: "Sinto muito. Juro que só queria partir em paz, sem que ninguém percebesse." Ele questionou: "Por quê?" Expliquei: "Você não vai me entender ou ficar do meu lado. Meu problema é com as regras e as leis sauditas, não com a nossa família." Meu irmão disse: "Tudo bem, agora você vai morar no Kuwait." Proclamei: "Não acredito nisso. Por três anos, implorei que você e a mãe me deixassem estudar em outra cidade e meu pedido foi negado. Como terei permissão de viver fora da Arábia Saudita?" Eu tinha certeza de que ele estava mentindo; Mutlaq, que conseguiu estudar em uma cidade diferente, faria qualquer coisa para me capturar e me forçar a cumprir o meu destino. Mas os laços familiares são fortes. Embora meu irmão fosse detestavelmente malvado comigo, até mesmo cruel, ouvir sua voz enquanto eu estava detida por estranhos em uma terra estrangeira abalou meu coração. As lágrimas eram tantas que eu mal conseguia falar. Ele também parecia comovido, como se estivesse prestes a chorar. Prometeu-me que nada aconteceria comigo e avisou que estaria me esperando com todos os outros no aeroporto do Kuwait. Perguntei: "Quem são os outros?" Mutlaq respondeu: "Eu, nosso pai e a embaixada saudita." Supus que era outra armadilha: "Você está brincando? Por que a embaixada vai me recepcionar?" Ele esclareceu: "Para sua segurança." Qualquer vestígio de confiança desapareceu instantaneamente. Desliguei o telefone e concluí que não podia acreditar em ninguém. A essa altura, eu estava tão perturbada emocionalmente que meu nariz começou a sangrar, manchando minhas roupas. Lembro-me dos olhares alheios; as pessoas pareciam apavoradas e evitavam contato visual comigo enquanto eu chorava, ofegando e segurando minha camiseta contra o nariz para estancar o sangramento. *Por que elas não oferecem ajuda? Como conseguem desviar o olhar? O que há de errado com essas pessoas? Estão tão ocupadas com as próprias vidas a ponto de testemunhar um sequestro e não fazer nada a respeito?* O kuwaitiano correu até mim, preocupado com o sangue. Ele achou que eu estava tentando me machucar. Informei: "É apenas uma hemorragia nasal."

Chegamos ao hotel do aeroporto, chamado Miracle Transit — um nome apropriado para o milagre esperado —, onde me disseram que eu ficaria até minha partida. O kuwaitiano afirmou que um dos seguranças ficaria de guarda no saguão para garantir que eu não fugisse. Após esse alerta, me entregou a chave do quarto e indicou o caminho. Ele, o agente tailandês e outro homem que não reconheci ficaram me observando ao longo do trajeto. Eu conseguia perceber, pois estava examinando cada centímetro, olhando por cima do ombro para ver onde estavam, verificando todas as portas, tentando encontrar uma saída. Entrei no quarto lentamente e comecei a analisar se era seguro. A parede era de vidro, indo do chão ao teto; eu podia enxergar o interior do aeroporto, mas não o lado de fora. Pensei no quanto aquele lugar era assustador, em como seria fácil me prender ali. Senti-me encurralada. Mesmo se eu gritasse, ninguém ouviria. Presumi: *Da mesma forma que posso quebrar o vidro e sair, alguém pode quebrá-lo e entrar.*

Sentei-me no quarto e comecei a tuitar sobre a situação — minha localização e o que estava acontecendo. "Sou a garota que fugiu do Kuwait para a Tailândia. Minha vida está em jogo. Correrei grande perigo se for obrigada a voltar à Arábia Saudita." No início, hesitei em publicar minha foto e meu nome completo. Eu trocava mensagens com minhas amigas fugitivas da Austrália, do Canadá e da Suécia; uma delas disse que eu deveria postar um vídeo me identificando para que o mundo acreditasse na minha história. Era preciso ponderar as consequências. Fiquei offline por duas horas. Embora minha ausência do Twitter as preocupasse, eu precisava me recompor e decidir se postaria minha foto, uma escolha muito importante. Eu estava sentada no chão, com o coração disparado e a respiração ofegante. Arfando e tremendo, sentia vontade de chorar. Eu tinha medo de como a família, os amigos, os parentes e os vizinhos reagiriam. Além disso, divulgar meu rosto e meu nome poderia comprometer minha liberdade de outra forma — se as pessoas sabem quem você é, seus movimentos acabam restritos e previsíveis. Eu queria ser livre e estar em segurança.

Recebi muita ajuda para ampliar minha voz na internet. Mona Eltahawy, jornalista egípcio-americana e ativista social radicada na cidade de Nova York, leu meus tuítes em árabe e os traduziu para o inglês. Além de Mona, minhas três amigas da rede secreta permaneceram comigo durante o suplício no Kuwait e, depois, em Bangkok; elas me convenceram de que eu precisava me arriscar e me identificar nas redes sociais: "Diga seu nome e mostre seu rosto ou você morrerá."

Após refletir sobre as consequências, finalmente decidi que o mundo deveria conhecer a minha existência; se alguém pretendia me ajudar, era necessário saber quem eu era e onde estava. Portanto, resolvi publicar minha foto e revelar meu nome completo.

Logo constatei que minhas amigas da rede estavam certas — a publicação me garantiu a imprescindível atenção dos grupos de direitos humanos e da mídia. Mona Eltahawy continuou a traduzir minhas mensagens e tuitou sobre minhas atribulações: "O pai de Rahaf é governador na #ArábiaSaudita. Ele é um homem poderoso. Ela solicitou asilo, pois teme por sua vida e tem receio de que a família a mate se retornar ao seu país."[13]

Também gravei um vídeo e postei no Twitter: "Me chamo Rahaf Mohammed. Tenho 18 anos. Estou de mãos atadas, pois meu passaporte foi confiscado. Amanhã, serei obrigada a voltar para o Kuwait. Estou assustada. Por favor, me ajude. Eles vão me assassinar." Instantaneamente, o Twitter fervilhou com respostas do mundo todo.

> Os sauditas realmente sabem como fazer seu país chegar ao fundo do poço. O Twitter tem sido palco de grandes acontecimentos nessa semana — e sua

REBELDIA

provação está entre eles. Sem um celular, a verdade jamais viria à tona. Fique firme, Rahaf.

Eles não se importam. Nunca sofreram as consequências e provavelmente não as sofrerão agora. O Ocidente está mais do que satisfeito em armá-los e é completamente dependente do seu petróleo. Nenhuma autoridade se dispõe a enfrentá-los de verdade.

É uma lição para todos os futuros sobreviventes que desejam escapar: levem seu celular, o escondam sob as roupas, na bagagem, em qualquer lugar seguro...

Melhor garantir que pessoas confiáveis te esperem no aeroporto.

Relatos como esse fazem com que o cidadão perca a confiança em qualquer entidade governamental, embaixada e consulado, como se eles fossem uma facção contrária aos civis.

A Arábia Saudita é basicamente uma Gilead. Desejo a você tudo de bom e espero que muitos tenham a chance de seguir seu exemplo por uma vida melhor. O governo do Reino Unido deveria ter vergonha de apoiar tal regime.

Sabe o que mais me incomoda? No vídeo, só há homens, discutindo a condição de uma mulher, dizendo o que ela deve fazer. #SalvemRahaf

Apesar da situação terrível, você está chamando a atenção do mundo todo para essa atrocidade, fazendo a diferença não apenas em sua própria vida, mas na vida de todas as mulheres. Permaneça em segurança.

Você é uma garota inteligente, Rahaf! Mantenha-se em vantagem... sempre alguns passos à frente. Espero que já tenha conseguido outro celular. Caso contrário, lhe arranjarei um.

Quando declarei minha renúncia ao islã, também recebi muitos ataques de pessoas da Arábia Saudita, que me amaldiçoaram, desejando me impedir e exigindo a minha morte. Até mesmo muçulmanos estrangeiros ameaçaram me assassinar por tentar romper os grilhões que impedem as mulheres de buscar uma vida melhor, em uma sociedade mais justa.

Vários jornalistas do *New York Times*, da Austrália e do Reino Unido me contataram, pedindo detalhes sobre a experiência de ser uma prisioneira em um hotel em Bangkok, uma oportunidade de divulgar a minha situação para o mundo

REBELDIA

ocidental. Publiquei o resumo da história — estou presa em um quarto, meu passaporte foi confiscado, meu pai vai me matar, quero ir embora. Além disso, também postei: "Ficarei em jejum até obter ajuda e o ACNUR [Alto Comissariado das Nações Unidas para Refugiados] interceder por mim." Eu nunca havia sentido tanto medo. Só conseguia imaginar: e se aqueles homens arrombarem a porta, entrarem no quarto e me sequestrarem em represália às minhas manifestações nas redes sociais? E se minha escolha de desabafar na internet, em vez de ficar calada, os enfurecer? Eu não tinha desafiado apenas meus familiares, mas as autoridades — as pessoas que poderiam arruinar minha vida.

Com todos esses pensamentos pipocando em minha mente, decidi que precisava fazer mais uma investida — sair do quarto, pedir ajuda, tentar escapar. Fiquei descalça para correr mais rápido e desci até o saguão, onde vi o guarda que deveria me vigiar — ele estava dormindo. Deixei minha mochila e levei meu celular. Fui à área de desembarque e segui os passageiros, na expectativa de fugir discretamente ao acompanhá-los para fora do aeroporto sem ter que passar por um posto de controle, como a alfândega. Até cogitei quebrar uma janela. Mas nenhuma opção era viável; eu não conseguia encontrar uma solução. Desesperada e consciente de que era uma ideia maluca e impossível, liguei a câmera do meu celular e pedi ajuda aos oficiais uniformizados, contei minha história a turistas, abordei lojistas e todos que encontrava. Eu sabia que ninguém tinha poder para me socorrer; a maioria nem sequer compreendia uma garota assustada, descalça e aos prantos, explicando que morreria se retornasse ao Kuwait. As pessoas inventavam desculpas, se afastavam. Encontrei um funcionário do aeroporto, alguém capaz de me entender; ele afirmou que eu deveria voltar ao meu país conforme ordenado. Quando insisti para que chamasse a polícia tailandesa, ele se recusou e me falou para esperar o voo no quarto. Parecia que todos ali conheciam a minha história o suficiente para me negar auxílio. Minhas esperanças estavam se esgotando. Pensei em procurar um esconderijo para que o avião partisse sem mim. Vaguei pelo hotel, analisando todos os lugares, mas não havia brechas. Tentei me lembrar da localização daquela sala no piso inferior, mas as imagens me escaparam.

Após um tempo, constatei que minha busca estava começando a levantar suspeitas, atraindo o tipo de atenção que eu não desejava. Por isso, decidi voltar para o hotel, passando pelo guarda adormecido. Mesmo no quarto, não me sentia segura. Algumas pessoas batiam na minha porta, dizendo que eu deveria comer, o que só exacerbava meu receio. Eu pensava: *E se me envenenarem?* Resolvi postar os vídeos em que pedi, na verdade implorei, ajuda às pessoas no aeroporto; eles retratavam suas reações às vezes desagradáveis, às vezes perplexas, e também suas expressões quando me ouviam e evidenciavam a falta de interesse, desviando o olhar. As batidas na porta se tornaram ininterruptas — novas vozes me chamavam para conversar. Quem eram essas pessoas e o que queriam? Eu poderia me atrever a confiar nelas? Será que tentariam me socorrer? Sempre mantive uma centelha de esperança, pequena, mas presente, que me fazia acreditar que alguém bondoso me resgataria. Mas não seria ninguém daquele hotel. Concluí que os indivíduos à minha porta eram vermes ardilosos, aliados do grupo que havia me colocado naquele quarto, e que eu estaria protegida desde que não saísse. Porém, meu pavor aumentava à medida que as batidas persistiam. As palavras do kuwaitiano ainda ecoavam em meus ouvidos: caso tentasse escapar do aeroporto, a embaixada saudita faria com que eu me arrependesse. Então, como se lesse meu pensamento, ele foi até a porta e disse: "Abra. Preciso falar com você." Gritei, mandando-o embora e pedindo que todos me deixassem em paz.

A essa altura, a exaustão acometia a minha mente e o meu corpo. Eu não dormia nem comia há dois dias, desde que havia saído da casa da minha tia no Kuwait, e estava com receio de que o cansaço excessivo me fizesse adormecer. Se caísse no sono, alguém poderia entrar e me sequestrar, e eu não teria forças para resistir, me defender ou fugir. Fiquei naquele quarto por horas, ouvindo as batidas intimidadoras na porta. Por fim, elas cessaram e presumi que os homens do lado de fora tinham desistido.

Eu lutava contra a vontade irresistível de dormir; faltavam apenas 24h para a partida do meu voo. Quanto mais tentava encontrar uma solução para me salvar, alguma saída, porta ou lugar que deixei passar batido, mais consumida ficava por pensamentos sobre como minha vida terminaria. Eu deveria esperar que eles aparecessem para me pegar ou deveria me suicidar ali mesmo — quebrar o espelho do banheiro e cortar meu pulso ou incendiar o local com um isqueiro e destruir todo o hotel? Não há palavras para descrever a sensação inquietante de saber o seu destino e que o fim de sua vida está próximo. Eu remoía a condição de meninas e mulheres — somos metade da população mundial, mas não significamos nada para as pessoas que governam o mundo. Achava que era um posicionamento exclusivo da Arábia Saudita e de alguns outros países muçulmanos, mas, na Tailândia, os homens também não se importavam com minha segurança, minha verdade, minha vida. Por que o simples fato de ser uma garota faz essas pessoas pensarem que têm o direito de controlá-la, falar por ela, planejar sua vida e agredi-la quando bem entenderem?

Eu estava ficando cada vez mais desesperada quando recebi uma mensagem no WhatsApp de uma jornalista australiana que acompanhava minhas publicações. Seu nome era Sophie McNeill. Ela revelou que havia contatado a Human Rights Watch e a Anistia Internacional em Bangkok e Sydney, lhes mostrando diversos tuítes e perguntando se conseguiriam me auxiliar. Sophie queria saber se eu conhecia mais alguém — talvez na Austrália — que pudesse me socorrer. Expliquei que não. Ela também enviou e-mails para outras pessoas — jornalistas e funcionários da agência da ONU para refugiados. Ao receber uma resposta do vice-diretor da Human Rights Watch na Ásia, sediada em Bangkok, Sophie me disse que a ajuda poderia estar a caminho. Ela esclareceu que o vice-diretor falava tailandês, tinha conexões no escritório do ACNUR em Bangkok e até uma boa relação com o governo da Tailândia. Então, ele começou a tuitar sobre mim: "Estou muito apreensivo com a possibilidade de Rahaf Mohammed al-Qunun, uma mulher saudita, enfrentar destino semelhante ao de Dina Ali caso seja forçada a voltar da #Tailândia. Ela quer solicitar asilo. Atualmente está sendo mantida no hotel do aeroporto de #Bangkok por representantes da embaixada da #ArábiaSaudita."[14] Sophie achava que era algo significativo para o meu caso, pois agora não eram apenas ativistas sauditas e amigos postando sobre mim. O fato de a Human

Rights Watch estar preocupada com meu destino e se mostrar disposta a intervir poderia chamar a atenção da ONU e das embaixadas estrangeiras na Tailândia. De repente, Sophie me enviou uma mensagem inesperada e fortalecedora: "Estou indo para Bangkok."

Agarrei-me a essas palavras como se fossem minha tábua de salvação em meio ao naufrágio, ansiosa com a expectativa de que finalmente haveria um resgate. Alguém, de fato, iria da Austrália até Bangkok para conhecer minha história? Eu poderia confiar em Sophie? Não havia opção — ela era minha última esperança. Só saí do quarto depois que seu voo chegou às 4h30 e definimos a melhor forma de nos encontrarmos sem levantar suspeitas. Sophie quis saber se eu estava sendo vigiada, se havia alguém do lado de fora do quarto. Informei a ela o nome e a localização do hotel, na esperança de que pudéssemos nos encontrar no saguão, mas era algo inviável, pois chamaria muita atenção.

Sophie permaneceu no saguão para se certificar de que ninguém me levaria embora. Ela me aconselhou a dormir um pouco, mas acho que não dormi nada. Por volta das 6h, Sophie me informou que a recomendação dos defensores de direitos humanos era que eu pedisse asilo imediatamente, ali no hotel. Um colega de Sophie que trabalhava para a Australian

Broadcasting Corporation (ABC) em Bangkok já havia chegado e sugeriu que eu fizesse a solicitação de refúgio no saguão, em frente às câmeras.

Fui até o saguão, tentando manter o otimismo; eu estava com medo, mas, ao mesmo tempo, triunfante, como se a porta para o meu futuro estivesse prestes a se abrir. Assim que meus olhos encontraram os de Sophie, me senti segura. Apesar do turbilhão de emoções, um sorriso de alívio despontou em meu rosto — ali estava alguém que me apoiava e entendia a minha situação.

Abordei uma funcionária do hotel e pedi que chamasse as autoridades para que eu requisitasse asilo antes do meu voo ao Kuwait. Ela me ignorou. Era como se eu fosse invisível. Tentei conversar com outro funcionário do aeroporto — a mesma desconcertante rejeição. Sophie começou a tuitar sobre o que estava testemunhando: "Há guardas fora do quarto. São 6h20 na Tailândia. Rahaf será obrigada a embarcar no voo da @KuwaitAirways às 11h15. Eles lhe negaram o direito a um advogado. Ela quer falar com o @ACNUR da Tailândia e pedir asilo."[15] Então, várias pessoas aconselharam a me fingir de morta ou gritar e empurrar qualquer um que se aproximasse de mim.

Persistimos na tentativa de encontrar alguém que pudesse me ajudar até pouco depois das 8h, quando um oficial da imigração tailandesa apareceu. Ele não quis nem saber do meu pedido de asilo. Acabei concluindo que era melhor voltar ao quarto e trancar a porta, pois os guardas me buscariam às 9h para me levar ao portão de embarque.

Logo depois, Sophie passou pelo segurança e me encontrou no quarto. Pouco antes das 9h, como temia que as autoridades abrissem meu quarto com uma chave-mestra, resolvi barricar a porta. Sophie gravava meus pedidos de ajuda e divulgava a minha voz ao mundo, dizendo às pessoas que eu necessitava de asilo. Ela também me filmou arrastando móveis para bloquear a porta e, assim, evitar que alguém entrasse. Primeiro, arrastei uma mesa enorme e muito pesada. Apesar do cansaço, persisti até posicioná-la contra a porta, mas era uma proteção frágil, para dizer o mínimo. Eu me perguntava se seria o suficiente para me salvar. Concluí que não, então desfiz a cama, virei o colchão e o empurrei em frente à mesa. Só conseguia pensar em deixar a barreira o mais reforçada possível. Até coloquei uma cadeira em cima da mesa, embora soubesse muito bem que não faria diferença.

Às 9h, tudo estava nos conformes — o bloqueio da porta e a publicação do apelo às Nações Unidas com meu nome, meu rosto e minha súplica: "Me trancarei aqui até o ACNUR chegar. Preciso de asilo."

Por mais assustadora que fosse a situação, vivenciamos alguns momentos hilários. Um homem enviou uma mensagem dizendo que, se eu lhe desse US$20 mil em dinheiro, ele me resgataria no aeroporto. Inacreditável! Mas também havia problemas que se tornavam cada vez mais complicados. Como eu estava em um hotel dentro do aeroporto, ninguém conseguiria chegar até mim, a menos que comprasse uma passagem aérea para ter acesso à área restrita do Miracle Transit. Sophie me explicou que, conforme meu dilema se espalhava pelo mundo, a mídia marcava presença e muitos jornalistas conseguiram entrar nas salas de embarque. Alguns deles esperavam no portão da Kuwait Airways, prontos para registrar o que aconteceria caso me colocassem no avião.

A essa altura, as pessoas compartilhavam informações falsas no Twitter. Um programa de televisão chamado *Yahala* entrevistou um oficial saudita da embaixada de Bangkok que negou a apreensão do meu passaporte. Uma mentira, é claro, mas ele confirmou que a embaixada saudita ligou para as autoridades tailandesas a pedido de meu pai, após a descoberta da minha fuga. Em seguida, houve outra inverdade: o oficial saudita afirmou que eu não tinha um visto válido para a Austrália.

Sim, eu tinha. No quarto, contei a Sophie sobre uma mensagem ameaçadora que recebi dizendo que conhecidos do meu pai tentariam me levar de volta. Eu sabia que ele estava por trás de tudo. Como era rico e poderoso, seus comparsas o obedeciam. Nunca subestimei sua capacidade de me fazer retornar.

As batidas na porta do quarto voltaram. A negociação que se seguiu com o funcionário da Kuwait Airways, o tailandês e uma mulher complacente que eles trouxeram à minha porta poderia ser considerada cômica se minha vida não estivesse em jogo. Eles alternavam entre exigir, implorar e bajular. Eu tuitava os detalhes o mais rápido possível. Sophie gravava toda a situação. Na verdade, o funcionário da companhia aérea foi quem colaborou com a embaixada saudita para confiscar meu passaporte.

Ele disse: "Abra a porta." Eu respondi: "Não posso." Então, ele sugeriu: "Só uma fresta." Permaneci em silêncio. Alguns minutos depois, uma mulher perguntou se eu queria café da manhã. Era uma verdadeira cena de policial bom versus policial mau. Então, um oficial tailandês interveio, dizendo que eu precisava ir embora: "Não lhe concederam asilo neste país. Você não pode ficar na Tailândia."

Eu havia feito tudo o que podia. Os homens começaram a bater novamente, me mandando abrir, pois era hora de embarcar. Onde estava o ACNUR? Eu não era um ser humano valioso o suficiente para merecer sua atenção? Ou, tal como todo aquele pessoal do hotel, eles me consideravam uma adolescente rebelde que deveria ser enviada para casa? Eu sabia que do outro lado daquela porta estava minha morte ou um novo começo. As batidas cessaram. O silêncio era assustador. Eu checava meu celular a cada dois ou três minutos. Faltava 1h45m para a partida do voo. O que estava acontecendo? Assim como em um jogo de xadrez, eu aguardava o movimento da torre. Sophie e eu discutíamos o que poderia se suceder. Ao ler as gentis mensagens do mundo todo, que continuavam chegando sem parar, eu me certificava de que havia muitas pessoas torcendo pelo meu sucesso, pelo meu resgate. Elas se dirigiam a mim, à Kuwait Airways e à ONU. Alguns dos tuítes diziam:

"Estamos com você."

"É sério que estão fazendo ela passar por isso?!"

"Continue lutando por seus direitos e por sua liberdade."

"Seja forte."

"Salvem Rahaf."

"Não permitam que a companhia aérea a deporte."

"O tempo está se esgotando."

"Essa adolescente será condenada."

"Grite, se expresse, faça com que TODOS escutem sua voz."

"Com certeza, a família dela irá matá-la."

"O mundo todo está preocupado com ela."

"Estamos aqui, não vá a lugar nenhum."

"É um caso de vida ou morte."

"Continue firme, estamos rezando por boas notícias."

"Desejo que tudo dê certo."

"Ela precisa de asilo."

"Deus te abençoe."

"Li seus tuítes. Que situação horrível. Sinto muito, Rahaf. Sinta-se abraçada."

REBELDIA

Publiquei uma resposta:

"Sou Rahaf Mohammed. Com base na Convenção de 1951 e no Protocolo de 1967, solicito que qualquer país me aceite como refugiada, impedindo que eu seja agredida e assassinada por renunciar à minha religião ou torturada pela minha família."

Depois, outra mensagem:

"Busco refúgio nos seguintes países em particular: Canadá, Estados Unidos, Austrália e Reino Unido. Peço que algum de seus representantes me contate."

Eu verificava o relógio do meu celular compulsivamente. Sophie gravava toda a situação enquanto eu tuitava. Ela mantinha contato com repórteres que monitoravam o status do voo. Eu estava deitada, totalmente exausta e tentando não dormir, quando Sophie revelou: "Rahaf, o avião partiu." Sentei-me e pedi que repetisse. Ela explicou: "Há outro voo para a Arábia Saudita em quinze minutos, mas o seu avião já decolou." Era uma vitória. Fiquei tão aliviada que imediatamente caí em um sono profundo.

Nesse ínterim, um dos colegas de Sophie avisou que os funcionários do ACNUR estavam no aeroporto há três horas, mas as autoridades tailandesas os impediam de falar comigo. Logo em seguida, o ACNUR divulgou um comunicado: "Temos acompanhado de perto os acontecimentos, tentando obter permissão das autoridades tailandesas para encontrar Rahaf Mohammed al-Qunun e avaliar sua necessidade de proteção internacional. Reiteramos que os refugiados e os requerentes de asilo — tendo sua condição confirmada ou reivindicada — não podem ser devolvidos aos seus países de origem, segundo o princípio de não devolução, que impede os Estados de expulsar ou reenviar pessoas a um território onde sua vida ou liberdade está ameaçada. Esse princípio é reconhecido como direito internacional consuetudinário e está consagrado em outras obrigações de tratado da Tailândia."[16]

Após dormir por três horas, acordei com uma notícia quase inacreditável: os contatos de Sophie disseram que as autoridades tailandesas estavam processando meu pedido de asilo.

Decidimos esperar no quarto do Miracle Transit. Se a esperança pudesse ser mensurada por batimentos cardíacos, os meus definitivamente comprovariam que sonhos são possíveis.

Por voltas das 16h, uma mulher apareceu e declarou: "Com licença, senhorita, a ONU está aqui. Ninguém a enviará de volta. Fique tranquila." Um contato da Human Rights Watch nos alertou: "Não acredite neles. Aguardem a ONU."[17] Pela internet, conferi o status do meu visto e descobri que havia sido cancelado. Ao contemplar o indeferimento, pensei: *É o epítome do desespero.*

Quem poderia ser o responsável? De início, me perguntei o quão influente meu pai era. Será que a Arábia Saudita realmente obrigaria um país como a Austrália a cancelar um visto? Que tipo de acordo sórdido os oficiais desses países fizeram para me jogar aos leões? Refleti e acabei concluindo que eu estava equivocada. Provavelmente, não era culpa do meu pai, mas do governo australiano, que previu meu pedido de refúgio. Minhas amigas que moravam lá já tinham me alertado sobre como os árabes são tratados — ao chegar ao aeroporto, muitos são deportados, pois as autoridades não querem lidar com solicitações de asilo. Em outubro de 2018, ao chegar à Austrália, uma conhecida saudita foi maltratada e forçada a ligar para o pai a fim de que ele consentisse a viagem. Quando ouvi essa história, eu soube que deveria ter o contato de um homem caso me pedissem o mesmo.

RAHAF MOHAMMED

As fugitivas com quem eu conversava estavam na Suécia, no Reino Unido, na Alemanha, no Canadá e na Austrália. Após decidir escapar da Arábia Saudita, escolhi ir para a Austrália. Suponho que a proximidade era um detalhe importante, mas minha preferência se baseou principalmente nas coisas favoráveis que ouvi. Eu sabia que era um bom país, onde poderia estudar, trabalhar, viver minha vida sem agressões e sem medo. Há direitos femininos na Austrália. Existem leis que punem a violência contra as mulheres. Minha amiga que mora lá disse que as pessoas são gentis, as praias são lindas e é possível fazer tudo o que a Arábia Saudita proíbe.

Um pouco mais tarde, recebi uma mensagem do diretor-geral de comunicação do ACNUR: "Prezada Rahaf, meus colegas estão no aeroporto tentando chegar até você."[18]

Às 17h57, bateram na porta. Passei pela barricada e espiei pelo olho mágico. "Quem é?", perguntei. "A ONU", respondeu a pessoa. "Mostre a identificação, exijo provas", anunciei. Ela obedeceu, passando um cartão de visita por baixo da porta, com seu nome e o famoso símbolo da ONU. Do lado de fora, também havia um grupo de soldados tailandeses e prováveis outros membros da organização. Empurrei a pilha de móveis e os deixei entrar.

Os funcionários da ONU afirmaram que me protegeriam e solicitaram que Sophie fosse embora; fiquei com receio, pois ela me passava confiança. Depois, me perguntaram por que eu havia fugido, pedindo detalhes sobre minha vida e meus familiares. Eles gravaram todas as minhas respostas, tiraram uma foto minha e disseram que fariam o possível para que nada acontecesse comigo. Fui informada de que iria para um hotel em um local secreto, com segurança reforçada, enquanto os documentos necessários à solicitação de asilo eram conferidos. Eles devolveram meu passaporte e, pelo celular, mostrei o visto australiano cancelado. As negociações formais para a minha condição de refugiada já estavam em andamento.

Em seguida, deixamos o quarto que me serviu de abrigo pelas 48 horas mais longas da minha vida.

Ao caminharmos em direção à saída que tanto almejei encontrar, o agente tailandês que monitorou a minha situação imigratória estava ao meu lado e disse: "Não enviaremos ninguém para morrer. Não faremos isso. Respeitaremos os direitos humanos de acordo com a lei." Pensei: *Que raios você fez quando implorei pela ajuda de todas aquelas pessoas no aeroporto?* Havia uma aglomeração ao meu redor — seguranças, membros da ONU, autoridades aeroportuárias e mídia; era como se eu estivesse sendo carregada por uma multidão.

RAHAF MOHAMMED

Quando saímos, apesar do estardalhaço, senti o sol poente em minha pele e me lembrei do momento que deixei o hotel no Kuwait às 5h, dois dias antes. A brisa suave e o calor que acariciaram meu rosto, meu pescoço e minha alma naquela manhã ressurgiram, a milhares de quilômetros de distância — um sinal de que, assim como o sol, eu teria minha chance de renascer.

Os funcionários da ONU me colocaram no hotel Royal Princess Larn Luang, no centro de Bangkok, e voltaram mais tarde com minha mala, que foi recuperada da esteira de desembarque. Sophie também estava lá, sem permissão de interagir comigo. Até pedi que comprasse cigarros para mim, mas ela não pôde me entregar. Como não havia televisão no quarto, usei o celular para checar as notícias e fiquei pasma ao ver minha história em destaque. Minha foto estava em todos os lugares; nela, eu vestia uma calça suja de sangue devido à hemorragia nasal e uma camiseta que ainda não tinha tirado. Meu rosto naquela imagem era uma lição: em meio à atribulação que se tornou notícia internacional e colocou a Arábia Saudita contra as Nações Unidas, lá estava eu, saindo de uma armadilha mortal, adentrando o futuro e a segurança, sem transparecer o medo, a ansiedade e o cansaço que sentia. Pelo contrário, minha expressão retratava uma garota decidida, engenhosa e talvez um pouco surpresa.

REBELDIA

Li um tuíte do ACNUR que dizia: "No aeroporto de Bangkok, as autoridades da Tailândia permitiram que o ACNUR falasse com a cidadã saudita Rahaf Mohammed al-Qunun, a fim de que sua necessidade de proteção internacional fosse avaliada. Por motivos de confidencialidade e cautela, não podemos comentar os detalhes desse encontro."[19]

Mais uma vez, presumi que o drama havia chegado ao fim. Tomei um longo banho quente e me preparei para deitar, esperando ter um sono tranquilo, pois sabia que o pessoal da ONU me encontraria no saguão do hotel pela manhã. Mal sabia eu que o terceiro ato horripilante estava prestes a começar.

Antes mesmo de apagar a luz, dois membros da ONU apareceram no quarto e informaram que meu pai e meu irmão Mutlaq tinham acabado de chegar a Bangkok; apesar de sua exigência, as autoridades tailandesas não permitiram que eles me encontrassem. Meu pai contatou a ONU e pediu para falar comigo ao telefone, já que havia sido impedido de me ver. O funcionário da ONU me perguntou se eu queria conversar com ele, mas me aconselhou a recusar. Expliquei: "Orientações não serão necessárias, pois nem sequer considerei a possibilidade de atendê-lo." E os preveni da influência de meu pai e da sua capacidade de agir como bem entendia. A essa altura, meu senso de alerta estava a todo vapor.

RAHAF MOHAMMED

Na verdade, eu tinha certeza de que meu pai e meu irmão haviam ido a Bangkok para me matar. Avisei o pessoal da ONU sobre meu receio de que alguém os ajudasse. Por saber como as coisas funcionavam na Arábia Saudita, eu ainda não me sentia realmente segura, embora houvesse policiais em frente à minha porta e no saguão do hotel. Cheguei a verificar a fechadura, me perguntando se meu pai e meu irmão conseguiriam encontrar meu quarto, invadi-lo e me sequestrar. Ocorreu-me que meu pai poderia tentar subornar os policiais para que o deixassem entrar ou para que me levassem até ele. Coloquei uma mesa contra a porta, tal como fiz no hotel do aeroporto. Eu sentia medo até de sentar na varanda e fumar, pois talvez estivessem me observando, aguardando uma chance de atirar em mim. Não há limite para a punição quando eles concluem que sua famigerada honra foi maculada. Havia membros da ONU hospedados nos quartos próximos ao meu; não lembro quantos. Eram pessoas bondosas que me protegeram a cada passo do caminho.

Pela manhã, a equipe da ONU me levou ao hospital, onde fiz um checkup e alguns exames de sangue para certificar que estava saudável e não sofrera ferimentos. Em seguida, fomos à embaixada australiana conversar com oficiais de imigração e asilo. Mas passei a maior parte do tempo no meu quarto, mexendo no celular, acompanhando meu próprio melodrama,

258

às vezes interrompido por anúncios e boletins meteorológicos. Ouvi repórteres falando sobre como a Austrália estava sendo pressionada para me aceitar. As notícias mostravam a chegada do meu pai e do meu irmão, com uma história de fundo sobre a condição de mulheres e meninas na Arábia Saudita. A maioria trazia imagens da pobre Dina Ali implorando por ajuda no aeroporto das Filipinas. E todas mencionavam o sistema de tutela saudita, que concede ao pai, ao marido ou ao irmão o direito de controlar uma filha, esposa ou irmã do nascimento até a morte. Era a descrição perfeita da minha vida: sem o consentimento de um responsável, eu não tinha permissão para casar, arranjar um emprego, sair de casa ou viajar. As mulheres são consideradas inferiores, mesmo que tenham cinquenta ou sessenta anos. Um adolescente pode bater na avó caso ela se sente no jardim sem autorização. Ao assistir àqueles vídeos, minha vontade era gritar: "Isso é o que precisa mudar na Arábia Saudita! Foram essas restrições que me obrigaram a fugir!"

Durante o dia todo, conferi o desenrolar da minha situação no canal Al Jazeera. O representante do ACNUR na Tailândia afirmou: "A tramitação do caso e a definição das próximas etapas podem demorar. Somos gratos pelo fato de que as autoridades tailandesas não a forçaram a voltar e estão garantindo sua segurança."[20] Sério? Só fui protegida quando o ACNUR apareceu!

Ao ser entrevistado, o chefe da polícia de imigração da Tailândia disse: "O Reino da Arábia Saudita não solicitou a extradição de Rahaf. A embaixada concluiu que se trata de um problema de família."[20] Então por que um oficial saudita foi enviado para se passar por funcionário do aeroporto e fingir que estava me ajudando quando desembarquei em Bangkok?

As reportagens citavam as verdadeiras declarações de apoio a mim. A Human Rights Watch pediu às autoridades australianas que me concedessem asilo. O diretor da ONG na Austrália disse que, como havia manifestado preocupação sobre os direitos femininos na Arábia Saudita, era dever do país "oferecer proteção a essa jovem".[20]

O governo australiano alegou que estava monitorando o caso e que considerava "extremamente preocupante"[20] minha afirmação de que eu seria prejudicada se voltasse à Arábia Saudita. Uma senadora requereu a emissão emergencial de um documento de viagem para que eu pudesse ir à Austrália em busca de refúgio.

O Al Jazeera comunicou: "A situação de Rahaf aumenta a pressão já enfrentada por Riade devido à morte do jornalista Jamal Khashoggi, em outubro, no consulado saudita em

REBELDIA

Istambul, e às consequências humanitárias de sua devastadora guerra no Iêmen."[20]

Também verifiquei o site do ACNUR, no qual descobri que, geralmente, o status de refugiado é concedido pelos governos, mas que a agência pode fornecê-lo quando os Estados são impossibilitados ou se mostram relutantes.[21] Além disso, havia a informação de que o ACNUR não se pronuncia sobre determinados casos. Um veículo de comunicação simplesmente concluiu: "Já que a Srta. Mohammed al-Qunun recebeu o status de refugiada, outro país deve concordar em recebê-la."[21] Por sua vez, o diretor-adjunto da Human Rights Watch na Ásia salientou sua preocupação: "Rahaf foi muito clara ao afirmar que sofreu abusos físicos e psicológicos. Quando revelou sua renúncia ao islã, eu logo soube que ela teria sérios problemas."[22]

Decidi postar um novo tuíte: "Não permita que ninguém quebre suas asas. Você é livre. Lute por seus direitos!"

Um dos repórteres gravou uma reunião entre o encarregado de negócios saudita em Bangkok, os funcionários do aeroporto e Ali, o kuwaitiano que abelhudava meu caso. Em certo momento, o encarregado de negócios, que não sabia que o microfone estava ligado, disse: "Deveriam ter confiscado o celular dela, não o passaporte."[23] Os outros riram, como se fossem cúmplices. A comunidade internacional observava, o mundo tinha consciência da situação de garotas como eu na Arábia Saudita e, mesmo assim, aquele indivíduo achava que deveriam ter me capturado e me submetido a um terrível destino nas mãos de meus familiares. Os homens ao seu lado eram coniventes ou não tinham coragem de censurar o comentário repulsivamente inescrupuloso.

À medida que o dia passava, minha história permanecia nas manchetes. Durante a tarde, a ministra das Relações Exteriores da Austrália chegou de Sydney e foi cercada por repórteres nos degraus da embaixada australiana. Eu prestava atenção em cada uma de suas palavras, mas, confesso, minha expectativa era ouvi-la dizer que viajara até Bangkok para deferir meu pedido de asilo e me levar ao seu país. Ledo engano. Suas respostas às perguntas dos jornalistas me fizeram retornar ao limbo da minha fuga — *Estou segura? Conseguirei refúgio? Quais informações as Nações Unidas e o governo estão trocando?* A ministra disse que, após conversar com as autoridades tailandesas, minha solicitação de refúgio seria analisada, acrescentando: "Há uma série de etapas a serem seguidas no processo de avaliação." Fiquei sem ar, à beira de um ataque de pânico. *Meu Deus, isso significa que não serei aceita?* Quando os repórteres a pressionaram, como se adivinhassem meus próprios questionamentos, ela esclareceu: "Reitero: há uma série de etapas no processo, inclusive quanto à análise obrigatória.

REBELDIA

Elas serão concluídas no devido tempo para que, assim, esse assunto seja resolvido."[24] A ministra também afirmou que não havia prazo definido nem possibilidade de me levarem previamente para a Austrália, pois, segundo ela, eu teria que esperar na fila como qualquer outra pessoa.

Mal consigo descrever o que senti naquele momento. Tive vontade de gritar com a ministra australiana: "Passei a vida inteira esperando na fila, sendo maltratada, agredida e ameaçada de morte. Arrisquei tudo, inclusive minha integridade, para escapar da injustiça de um país que claramente odeia as mulheres. Qual parte você não entende?"

O longo dia se transformou em noite. As notícias televisivas se intensificaram. Minha ansiedade também. O que eu não sabia era que os funcionários do ACNUR estavam trabalhando nos bastidores para garantir minha segurança. Eles precisavam agilizar meu pedido de asilo, principalmente porque ficaram ainda mais preocupados após a chegada de meu pai e meu irmão a Bangkok. Na manhã seguinte, os membros da ONU foram ao hotel e me levaram até a embaixada canadense. A reunião foi breve e agradável. O embaixador perguntou: "Você gostaria de morar no Canadá?" Respondi que sim. Então ele informou: "Seu visto estará pronto às 15h. Seu voo para Toronto sai hoje à noite." Duas frases curtas que mudaram meu destino. Eu mal sabia o que dizer. *Obrigada* parecia insuficiente. As lágrimas inundavam meus olhos enquanto eu tentava expressar minha gratidão àquele homem e ao pessoal da ONU.

Mais tarde, fiquei sabendo que a ONU havia recorrido a uma negociação extraoficial, pois achava que os australianos estavam protelando a decisão. Também descobri que o diretor-adjunto da Human Rights Watch em Bangkok tinha "mexido os pauzinhos" para me tirar da Tailândia em segurança. Ele alegou que o Canadá ofereceu asilo imediato, algo que a Austrália não estava disposta a fazer. Pelo que entendi, sua explicação foi: "Rahaf precisava ir embora o mais rápido possível. Seu irmão e seu pai, as pessoas que ela mais temia, estavam em Bangkok. O governo tailandês também tinha interesse em acelerar sua partida, pois a Arábia Saudita é um país muito influente, com ampla capacidade de perseguir pessoas, especialmente mulheres que, caso adquiram liberdade, podem manchar a reputação do regime a nível internacional."[25]

Finalmente, embarquei em um avião da Korean Air, que partiu de Bangkok às 23h37 com destino ao Canadá.

Logo após a decolagem, o ACNUR emitiu um comunicado, esclarecendo que eu estava a caminho do Canadá, pois havia uma preocupação crescente com minha segurança e com os prazos incertos do governo australiano quanto à concessão de asilo. A agência também salientou que, ao avaliar o caso, o governo canadense deferiu minha solicitação em questão de horas.

Pousar no Aeroporto Internacional Pearson, em Toronto, foi como levantar voo para uma nova vida. O embaixador canadense na Tailândia havia dito que alguém me encontraria no desembarque — ele pode até ter mencionado algum nome, mas, enquanto o avião taxiava, eu não fazia ideia do que se sucederia. A comissária de bordo foi ao meu assento e informou que eu sairia primeiro do avião. Assim que desci, três funcionários do aeroporto me disseram que alguém do governo estava me esperando em uma sala próxima. Eu desconhecia os membros do governo canadense, mas logo constatei que deveriam ser pessoas que se preocupavam comigo, pois fui recebida por Chrystia Freeland, ministra das Relações Exteriores, e sua secretária. Ela também levou sua filha, que tem a minha idade e me presenteou com um moletom escrito *Canadá*, o que me fez sentir muito bem-vinda. Eu tinha um boné do ACNUR e o vesti ao deixar a área de desembarque. Alguns instantes depois, duas mulheres de uma organização que auxilia refugiados a se estabelecerem no país se juntaram a nós, explicando que me ajudariam a encontrar uma moradia, fazer minha matrícula na escola e comprar roupas quentes. Era inverno e o clima estava congelante, mas a ministra me garantiu que o calor viria. As mulheres também revelaram que, além da mídia, havia vários simpatizantes do lado de fora; elas os avisariam que eu tinha chegado em segurança, e achei melhor acompanhá-las. Quando as portas de saída se abriram, mal pude acreditar no que via: uma multidão de repórteres, fotógrafos, equipes de filmagem e pessoas que eu não conhecia. Assim que nos avistaram, todos começaram a aplaudir e a gritar: "Bem-vinda ao Canadá!" Parecia um sonho: após ter crescido em um lugar que considera as mulheres invisíveis, obrigando-as a se cobrir e se esconder, eu estava sendo recepcionada como um ser humano que existia, que tinha o direito de estar ali.

A ministra Freeland pediu que a multidão se acalmasse e anunciou: "Esta é Rahaf al-Qunun, uma nova canadense extremamente corajosa."[26] Estávamos de braços dados, mas ela me soltou para pegar um buquê de rosas que alguém arremessou. Eu tentava assimilar os acontecimentos: uma representante do governo que me acolheu, em vez de me mandar de volta, pegando flores e entregando-as a mim. Acredite: era algo tão distante da minha realidade que até parecia a gravação de um filme. Em seguida, ela disse a todos os presentes: "É óbvio que a opressão contra as mulheres não pode ser resolvida em um dia, mas, em vez de amaldiçoar a escuridão, devemos acender pelo menos uma vela. Salvar pelo menos uma mulher, pelo menos uma pessoa, é um ato de luz."[27]

Por mais que tenha almejado aquele momento, não conseguia acreditar que era verdade. As palavras mal saíam de minha boca, pois eu estava maravilhada com a sensação de libertação, de renascimento; ao me sentir amada e bem--vinda, fui invadida por uma onda de felicidade estonteante. Experimentei uma afluência de orgulho e gratidão — minha voz foi ouvida, aquelas pessoas me compreenderam. A liberdade é o aspecto mais importante na vida de uma pessoa. Desisti de tudo para ser livre.

Quando saímos do aeroporto, entrei no Twitter, a rede social à qual recorri ao longo da minha odisseia, pois queria agradecer a todos que me ajudaram, acreditaram em mim e permaneceram ao meu lado durante o suplício. Postei a seguinte mensagem:

> "Meu muito obrigada por me apoiarem e salvarem minha vida. Nunca imaginei que pudesse receber tanto suporte e carinho. Vocês me motivam a ser alguém melhor."

Então, recostei-me no banco do carro, me perguntando qual seria o próximo capítulo da minha história.

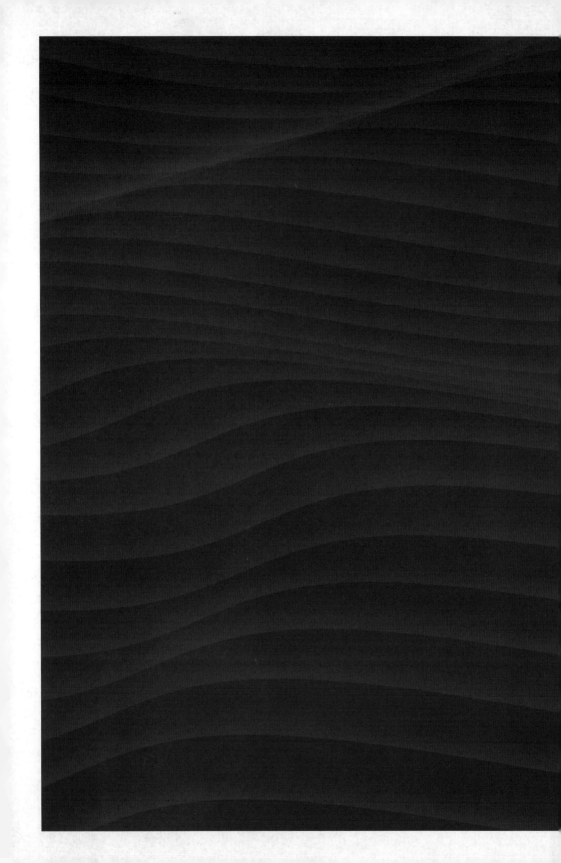

Capítulo Sete

Vitórias e Consequências

No início da primeira manhã de minha nova vida, acordei e me deparei com três acontecimentos: várias mensagens de ameaça; a notícia de que meu pai havia me renegado; e a iminência de uma nevasca em Toronto, a cidade onde eu estava renascendo como canadense. Eu não havia chegado tão longe para me abalar com tais impasses. Desativei minhas contas nas redes sociais, abandonei o sobrenome al-Qunun e saí em busca de uma loja onde pudesse comprar um casaco que me mantivesse aquecida.

As ameaças de morte começaram enquanto eu estava em Bangkok — mensagens furiosas de sauditas indignados com minha fuga, com minha renúncia à religião e à família.

A maioria delas era proveniente de minha própria tribo, de desconhecidos que achavam que eu havia desonrado nossa linhagem e maculado sua reputação. Claro, respeitando o costume saudita, eles queriam vingança. Muitos exigiam a punição por enforcamento público; alguns sugeriam que eu fosse chicoteada até a morte. Também recebi ameaças de muçulmanos de países árabes e não árabes, me alertando de que, se eu não retornasse ao islã, eles me assassinariam.

Enquanto conferia o Twitter, li as seguintes publicações:

"Pagarei alguns milhares de dólares para alguém te matar."

"Vamos te encontrar e te assassinar."

"Juro por Deus que a farei sofrer antes de te decapitar."

"Você merece morrer e sou eu quem a enviará para Allah."

Curiosamente, percebi que todas as ameaças, sem exceção, eram feitas por homens. Não havia nenhuma mulher me intimidando. Ao percorrer os tuítes, segura em minha nova casa, eu me perguntava mais uma vez o que motivava homens e meninos na Arábia Saudita a terem esses pensamentos abomináveis. Antes, eu analisava esse tipo de comportamento como uma vítima aterrorizada pela constante vigilância de um pai, um irmão ou, Deus me livre, da *mutaween*. Mas, dessa vez, minha perspectiva externa como mulher livre acarretava conclusões muito mais perturbadoras. Tratava-se de misoginia, de ódio às mulheres, com a anuência do governo. Como é possível defender o sistema de tutela, o deplorável apartheid de gênero, o repúdio à voz feminina? Devo inferir que esses homens sauditas são movidos pelo medo — medo das mulheres; medo de que, caso tenham os mesmos direitos concedidos a todos os outros seres humanos, elas disputem empregos, dominem a hierarquia, comprometam a virilidade à qual esses indivíduos se agarram como se fosse uma tábua de salvação. Eu gostaria de travar um debate sincero com um homem de cinquenta anos que acha aceitável se casar com uma menina de doze. Ou com um homem que considera quatro esposas um dever designado a ele por Allah, e não um privilégio do poder masculino.

As ameaças de morte me preocupavam, é claro, mas também me faziam lastimar a minha pátria, um país que vê suas mães, esposas, irmãs e filhas como Jezebeis perversas, das quais os homens precisam ser resguardados, embora sua hipocrisia insensata se baseie na crença de que somos seres frágeis que dependem da proteção masculina.

Após deletar as mensagens ameaçadoras, passei para o problema da minha família, que havia divulgado um comunicado: "Somos os familiares sauditas de Rahaf Mohammed al-Qunun. Ela foi renegada por ser uma filha mentalmente instável, com um comportamento ofensivo e vergonhoso."[28] Havia palavras conhecidas — *mentalmente instável* foi o que meu pai disse para descrever Reem após a acusação de estupro. Tirando esse estratagema paterno, fiquei realmente surpresa com a intensidade da dor ao ler a parte do "renegada". Senti um aperto no coração, pois amo minha família — até mesmo meus irmãos mais velhos, que me agrediam tão severamente; até mesmo minha mãe, que raras vezes ficou ao meu lado, mas me dava bons conselhos sobre como garantir que um homem nunca tivesse controle sobre mim; e até mesmo meu pai, que sempre achei que me apoiaria caso permanecesse tempo suficiente em casa. Também pensei em meu querido irmão mais novo, Fahad, na absolutamente adorável Joud e, claro, na mamãe Nourah. Todos eles me renegaram, jurando desprezar para sempre o nosso parentesco? O comunicado da família — do meu pai, na verdade — me fez chorar, mas não me impediu de seguir meu sonho, nem por um minuto. É por isso que decidi abandonar o sobrenome al-Qunun e, doravante, ser conhecida apenas como Rahaf Mohammed.

REBELDIA

Em Toronto, há várias fugitivas sauditas que, assim como minha família da rede clandestina, tornaram-se meu guia de sobrevivência, me dizendo onde comprar casacos e botas para enfrentar o rigoroso inverno. Ao caminhar nas ruas, eu conseguia ver a fumaça saindo de minha boca, e as calçadas estavam tão escorregadias que era preciso tomar cuidado para não cair. Mas as árvores carregadas de neve eram como um desenho que, antes, habitava apenas a minha imaginação. Sincelos pendiam dos galhos e refletiam a luz, produzindo cores que deslumbravam meu lado artístico; por mais que o ar gelado quase me fizesse perder o fôlego, havia algo nesse paraíso invernal que me cativava, como se eu estivesse desbravando uma nova vida. No entanto, por mais que tenha acolhido as mudanças, eu continuava pendendo — quase diariamente, no início — para o meu lado saudita. Aquela voz arraigada que diz que as meninas são insignificantes e devem permanecer invisíveis me atingia como um tiro sempre que eu saía sozinha, encontrava minhas amigas, comprava um mero par de sapatos.

Minhas amigas fugitivas me levavam a suas cafeterias favoritas e frequentemente conversávamos sobre as notícias da Arábia Saudita. Por exemplo, ainda durante minha fuga, a *mutaween* atacou com ferocidade. Lemos a matéria online do *New Straits Times* declarando que a polícia religiosa havia prendido mais de duzentas pessoas por suposta violação da decência pública. Estando em um lugar distante e seguro, consegui assimilar aquele acontecimento com muito mais clareza — tratava-se de assédio, de uma necessidade sempre deliberada de punir mulheres e meninas, daquela vez por conta das tais roupas inadequadas, ou seja, *abayas* coloridas e *niqabs* menos sufocantes. O *New Strait Times* publicou uma foto de uma mulher que usava uma faixa na cabeça e uma máscara descartável. Achei a ideia genial, mas, para a *mutaween*, era um ato pecaminoso, pois mostrava demais seus lindos olhos. Os policiais alegaram que esse tipo de vestimenta ofendia a moral pública. Detalhe: toda essa situação ocorreu logo depois que o príncipe herdeiro Mohammed bin Salman prometeu atenuar as ridículas restrições arcaicas. Vistos de turistas eram emitidos pela primeira vez; havia permissão para entrar no cinema; e a proibição de dirigir tinha sido revogada. Em Riade (certamente não em Ha'il), as mulheres também podiam comparecer a shows e eventos esportivos. Entretanto, foi em um festival — o Beast Music Festival em Riade — que 88 espectadores acabaram detidos por usar roupas indecentes (por exemplo, blusas justas ou com frases e imagens consideradas profanas) e por demonstrar afeto em público. Minhas amigas que ainda moravam na Arábia Saudita me mandaram uma mensagem dizendo que temiam a perseguição da polícia religiosa.

REBELDIA

Aqueles primeiros dias em Toronto me faziam refletir sobre os acontecimentos em Bangkok, suscitando a conclusão de que tive muita sorte de escapar. Esperar naquele quarto de hotel, minuto a minuto, parecia uma eternidade enquanto eu tentava permanecer viva; agora, era possível analisar os complexos detalhes daquele período desesperador de 48 horas. É surpreendente pensar que a jornalista Sophie McNeill comprou uma passagem aérea e foi de Sydney a Bangkok para acompanhar a situação. Sei que é uma atitude típica dos repórteres, mas ela insistiu em fazer a cobertura da minha história, pois conhecia o suplício de Dina Ali. Sophie inferiu que deveria existir algum tipo de proteção nos aeroportos para garotas como eu, ou qualquer pessoa correndo risco de morte. Colocar as autoridades aeroportuárias sob os holofotes da mídia era uma forma de obter justiça. Ela sabia que minha maior chance era uma campanha no Twitter com o apoio de organizações de direitos humanos que chamariam atenção, intimidando os tailandeses para que me liberassem. Sophie precisou superar muitos impasses para chegar até mim, incluindo um voo de nove horas da Austrália à Tailândia, mas ela estava determinada.

Além disso, obtive maiores informações sobre as chamadas fontes secretas do ACNUR e do governo. A equipe da agência contatava pessoas do mundo todo, conversando com organizações de direitos humanos e representantes governamentais para me levar em segurança a outro país. Assim que os funcionários do ACNUR me resgataram em Bangkok, eles colaboraram com advogados na Tailândia, solicitando uma medida cautelar para evitar minha deportação forçada. Também descobri que o chefe da polícia de imigração tailandesa admitiu que as autoridades de seu país agiram a pedido da Arábia Saudita. Muitos detalhes só vieram à tona mais tarde — alguns deles eram chocantes. Eu sabia que o pessoal da ONU estava preocupado, pois meu pai e meu irmão chegaram à cidade fazendo ameaças e usando seu poder saudita. Um receio justificável, em virtude da influência de meu pai. Porém, só tive consciência do quão apreensivos os funcionários da ONU estavam quando eles explicaram que recorreram ao Canadá não apenas devido à demora da Austrália, mas à incerteza de que conseguiriam me proteger. Constatou-se que o mentiroso que pediu meu passaporte quando cheguei a Bangkok era um agente enviado pela embaixada saudita para me deter. Como ele conseguiu acessar aquela área restrita? Por que os funcionários do aeroporto bateram na porta do quarto e mentiram para mim? Ainda posso ouvir a mulher tailandesa pedindo que eu me acalmasse, pois a ONU havia chegado e ninguém me obrigaria a ir embora. Que tipo de governo permite que seus agentes mintam e se passem pela ONU, adotando um comportamento criminoso em um local cheio de estrangeiros?

REBELDIA

Nos últimos anos, conforme as estimativas do ACNUR, o número de sauditas requerentes de asilo quadruplicou. A maioria busca refúgio nos Estados Unidos, sendo o Canadá a segunda opção. Desde que minha fuga ocupou as manchetes internacionais, a rede clandestina divulgou um aumento considerável de pessoas pedindo ajuda. Para seus integrantes, essa intensificação configura um êxodo. Minha esperança é que isso estimule o protesto contra o sistema de tutela, cuja petição assinei secretamente.

No entanto, por mais que esses fatos ocupassem minha mente, o mais importante era me adequar a um lugar novo, a um estilo de vida muito diferente. Embora sentisse que havia renascido, naqueles primeiros dias, persistia o medo de que minha família me encontrasse e me fizesse desaparecer sem deixar rastros.

Fugir não é nada fácil, sobretudo para uma jovem da minha idade com pouca experiência. Tive que aprender a maioria das coisas que as canadenses fazem quase de olhos fechados — ir a uma loja sem um responsável, experimentar roupas, pagar minhas compras (meu irmão sempre estava comigo). Eu mal sabia o que dizer e tinha receio de passar vergonha. Se você nunca viveu sob o sistema de tutela, é impossível compreender o quão retraída uma pessoa pode ser. No Canadá, as garotas utilizam os serviços bancários rotineiramente, sem qualquer supervisão. Além de não estar familiarizada com a moeda local, eu não fazia ideia de como usar um caixa eletrônico. Comecei a perceber que a Arábia Saudita continuava enraizada em mim; eu precisava descobrir uma forma de me desvencilhar dos costumes e das imposições que me assombravam. Nos primeiros meses, eu ficava relutante em agir por conta própria, pois sentia medo de aproveitar a minha liberdade — a mesma liberdade que tanto almejei. Já que eu hesitava em sair até para comprar café, pedia ao assistente social da organização para refugiados que me acompanhasse, falasse e pagasse por mim. Não era devido à dificuldade de converter moedas ou decidir o que eu queria, mas, sim, à voz do meu irmão que ainda ecoava em meus ouvidos. Assim como você não entraria em um prédio em chamas, mesmo que quisesse salvar alguém, eu sentia as amarras da censura e do controle de minha criação, ainda que estivesse do outro lado do mundo.

Um tipo de percepção extrassensorial dominava a parte saudita de minha mente, acarretando a sensação de que eu estava sendo observada, julgada, me expondo ao mal por fazer algo proibido, embora costumasse desafiar meus irmãos com certa facilidade em casa. Os prazeres da liberdade incluíam andar sozinha na rua, sentir o calor do sol na pele, o sopro do vento nos cabelos e até os flocos de neve no rosto — tudo isso era uma cerimônia de libertação. Porém, como as leis sauditas estavam gravadas em minha alma, eu precisava me habituar a ser livre. O mesmo sentimento tomava conta de mim sempre que ia ao mercado para comprar comida, ao banco para abrir uma conta ou ao hospital para fazer um checkup. Era como se eu fosse uma criança inexperiente que não sabia fazer nada por conta própria.

No Canadá, meu cotidiano era tão diferente que até parecia outro planeta. Mas algumas coisas eram certas: eu gostava do lugar, sabia que logo me adaptaria, estava encontrando minha voz e aprendendo a usá-la com eficiência. Com a ajuda da organização para refugiados, arranjei um quarto na casa de uma família judia. Foi uma boa decisão, pois conheci seu estilo de vida ao participar do jantar e observar a rotina da casa. Na Arábia Saudita, fazemos nossas refeições em torno de um pano chamado *dastarkhān*; sentamos no chão de pernas cruzadas e comemos com as mãos. Mas aquela família se sentava em uma mesa e utilizava facas, garfos e colheres. Precisei aprender a usar os talheres e a me posicionar na cadeira a fim de assimilar a nova tradição. Sentia-me estranha no início, principalmente porque todos me olhavam como se eu fosse um alienígena, mas acabei conseguindo. Morar com canadenses era a maneira mais rápida de me ambientar ao novo país. Por exemplo, tal como a maioria da população, a família amava hóquei. Eles assistiam a todos os jogos na televisão, comentando informalmente sobre os jogadores e debatendo a complicada classificação como se fosse um problema matemático — se esse time vencer agora, depois precisará vencer aquele outro. Memorizei rapidamente as regras do hóquei, praticado no gelo a uma velocidade vertiginosa; apesar de nunca ter ido ao estádio e nem saber patinar, me tornei fã do Toronto Maple Leafs, o time da casa. Era agradável viver com aquela família, pois me inteirava dos costumes canadenses, mas acabei concluindo que seria melhor me mudar. Ao encontrar uma pensão onde viviam muitos refugiados e imigrantes, decidi dar mais um passo em direção à minha independência.

Embora não tenha sido fácil, aprendi que a liberdade exige esforço — fazer escolhas, lidar com as consequências, encontrar o caminho, consertar os erros. Eu era como uma borboleta recém-saída do casulo, batendo as asas freneticamente pela primeira vez, sem saber quanto tempo levaria para voar.

No começo, eu passava muito tempo sozinha no quarto, tentando compreender minha situação, refletindo sobre o medo e o motivo pelo qual as regras sauditas que tanto odiava continuavam invadindo meus pensamentos. Acabei constatando que a liberdade não é apenas evitar uma surra ou ser capaz de satisfazer seus desejos. É ser mental, psicológica e fisicamente livre. Foi um grande progresso, pois concluí que precisava de apoio para superar os demônios do passado que atormentavam minha nova vida. Da mesma forma que Sophie McNeill desempenhou um papel essencial em Bangkok, as pessoas da organização para refugiados se mostraram imprescindíveis desde meus primeiros momentos em Toronto — após o acolhimento da ministra das Relações Exteriores no Aeroporto Internacional Pearson e antes de me deparar com uma multidão de simpatizantes que me transmitiu carinho e proteção. A equipe da organização tinha ideias e respostas que eu jamais imaginaria. Eles me ajudaram a encontrar uma moradia, me ensinaram a fazer operações bancárias e me orientaram durante as compras. Quanto à minha educação, o fundador de uma escola particular propiciou mais um porto seguro em meio à tempestade. Fomos apresentados por Chrystia Freeland, que prezava a conclusão dos meus estudos. Aquele homem se dispôs a me amparar, me oferecendo uma vaga no colégio.

Porém, acima de tudo, os assistentes sociais entendiam o trauma de um aterrorizado recém-chegado, sobretudo o de alguém como eu, que arriscou a própria vida. Perguntei-lhes como enfrentar as dificuldades e, logo, comecei a fazer sessões de terapia que abordavam minha mentalidade conflitante de filha saudita e nova cidadã canadense.

Após alguns meses de terapia, o calor havia chegado e pude testemunhar o renascimento da primavera, tão bem-vinda depois de um longo inverno; meu próprio pensamento floresceu junto com as flores. Aventurei-me pela cidade, fiz novas amizades e adquiri um notável autoconhecimento.

Por fim, precisei aceitar que o passado faz parte do futuro, encontrando um modo de conciliar as minhas memórias, inclusive as terríveis, com a vida que escolhi. Muitos aspectos eram estranhos — o idioma, o comportamento, a socialização e até mesmo as leis. Eu absorvia o novo na mesma proporção que lidava com o antigo, um processo que desencadeou habilidades até então desconhecidas. Acabei descobrindo uma facilidade para aprender idiomas e uma autonomia para me locomover, pelas linhas de metrô e ônibus, sem as rédeas dos meus irmãos.

Além disso, a cidade era totalmente diferente de qualquer outra em que já estive. Nunca imaginei que pudessem existir tantas etnias e religiões em um só local, sem mencionar o grande número de imigrantes e refugiados. Não existe esse tipo de diversidade na Arábia Saudita. No Canadá, eles chamam esse fenômeno de *multiculturalismo*, e todos parecem ter muito orgulho do fato de Toronto ser um dos lugares mais multiculturais e multirraciais do mundo. Há evidências em toda parte — no metrô, nas ruas, nas lojas, nos restaurantes. Ouvi dizer que, apenas nessa cidade, existem mais de 250 etnias e 170 idiomas; cerca de metade dos cidadãos compõe grupos minoritários — asiáticos, negros, latino-americanos, árabes. De fato, algumas estatísticas afirmam que, na região de Toronto, dezesseis países são representados por mais de 50 mil pessoas cada, entre eles, a Índia, com 337 mil; a China, com 300 mil; e as Filipinas, com 200 mil. Antes de chegar ao Canadá, eu não fazia ideia de que vivenciaria uma experiência mundial de multiculturalismo, algo que me agradou de imediato. Na Arábia Saudita, etnias e culturas variadas são mal vistas, rejeitadas, na verdade. Os sauditas tendem a ser muito fechados, talvez porque não aprendem nada sobre outros lugares na escola ou talvez porque o governo não queira que seus cidadãos sejam expostos a costumes distintos. Em Toronto, o multiculturalismo *é* um estilo de vida; ele incorpora a gastronomia, a moda, a arte, a música, os eventos. É impressionante a naturalidade com que os canadenses encaram esse fenômeno. Enquanto fundia a cabeça ao me deparar com coisas inusitadas ou fazia perguntas sobre os alimentos que, até então, nunca havia experimentado, eu sabia que estava me tornando parte da essência que constitui uma cidade multicultural.

Eu sentia um misto tão fervoroso de esperança, medo, entusiasmo e, às vezes, desespero que sabia que minha adaptação seria um esforço contínuo. Por exemplo, muitas pessoas me paravam na rua e diziam: "Você é a jovem do noticiário." Ao mesmo tempo que me lisonjeava, como se eu fosse famosa, esse reconhecimento provocava certa ansiedade. Eu tinha a impressão de que era estranha, de que não me encaixava, sendo que tudo o que desejava era ser uma garota normal, em vez de uma figura excêntrica que atrai a atenção alheia. Mas devo acrescentar: as pessoas eram muito gentis; elas nunca hesitavam em expressar admiração, algumas até queriam me abraçar! Era reconfortante constatar que eu tinha todo esse apoio no conflito com minha família, com meu país e até mesmo com a Tailândia. Como é natural buscar aprovação, claro que eu apreciava o acolhimento e o carinho recebidos; entretanto, o anonimato era meu objetivo e mal podia esperar para me tornar um dos elementos da paisagem de Toronto — apenas mais uma jovem, e não "a fugitiva saudita".

No início, fiquei muito interessada em fazer coisas que eram proibidas na Arábia Saudita — experimentar bebidas alcoólicas, ir a boates e usar shorts. Lembro que, no meu aniversário de dezenove anos, apenas dois meses após minha chegada, fui com minhas melhores amigas a um restaurante e pedi uma taça de vinho tinto. De imediato, senti que estava cometendo um erro, que não deveria beber vinho, embora todo mundo estivesse bebendo. Era o medo saudita que ainda pulsava dentro de mim.

Toronto é um lugar com inúmeros bairros, então eu precisava me locomover pela cidade para encontrar minhas amigas, ir a eventos e frequentar a escola. Logo me tornei uma usuária assídua do transporte público. Além de ser uma alternativa, o intrincado sistema de metrô e bonde era um aprendizado à medida que eu observava as pessoas ao meu redor como se estivesse em um set de filmagem. Com tantos rostos diferentes e com tantos idiomas, minha ida para a escola era uma fonte contínua de entretenimento, que me possibilitava absorver as camadas externas desse novo país como que por osmose e, aos poucos, adquirir um sentimento de pertencimento.

Nesse ínterim, a campanha de difamação na Arábia Saudita permanecia implacável. Alguns diziam que eu estava infeliz e com saudades de casa. Outros alegavam que eu trabalhava como garçonete em bares cheios de bêbados. A mídia me xingava de vários nomes, incluindo drogada e puta. Mas o motivo de toda essa depreciação era evidente — eu havia violado o código de conduta saudita, livrando-me daquele deplorável sistema de tutela e obtendo a chance de viver minha própria vida. O *Al Riyadh*, principal jornal de Riade, usou minha fuga como pretexto para reivindicar a necessidade de as famílias protegerem suas filhas das ideias nocivas e impedir a lavagem cerebral à qual, em sua opinião, fui submetida por algum agressor desconhecido. Pessoas que me ajudaram, como Mona Eltahawy, sofriam ataques violentos de sauditas nas redes sociais. Porém, o assédio corriqueiro de homens que odeiam mulheres não mais a abalava. E eu também acabei me tornando indiferente.

Constatei o poder incendiário de uma campanha no Twitter — em particular, a que realizei enquanto estava no hotel do aeroporto de Bangkok — ao descobrir que a Organização Saudita Europeia para os Direitos Humanos, que ampara e promove os direitos humanos na Arábia Saudita, recrutou o advogado François Zimeray para me defender. Ele disse que os tuítes foram essenciais para evitar minha deportação e que, assim que as autoridades tailandesas perceberam a intensidade do apoio internacional na internet, sua atitude mudou completamente.

Acho que é impossível expressar a magnitude da decisão que tomei naquele quarto do Miracle Transit. Em meio ao suplício, resolvi que não voltaria para a Arábia Saudita, que, se necessário, eu me suicidaria. Escrevi uma carta de despedida para minhas amigas mais próximas, pedindo-lhes que a publicassem caso eu fosse obrigada a retornar. Guardei o texto que escrevi com o objetivo de relembrar a intensidade da minha angústia; ele está escondido a sete chaves, junto com outras lembranças que devem permanecer no passado.

Logo consegui superar os desafios de uma refugiada — me adaptar, aprender o idioma, utilizar a moeda local, fazer novas amizades. Entretanto, por mais que o tempo passasse e eu tentasse rejeitar minha vida pregressa, ainda enfrentava a habitual tempestade de emoções provocada por minha família — arrebatamentos de raiva, mágoa e receio. Por exemplo, em março, liguei para minha mãe via WhatsApp a fim de saber como ela estava. Na verdade, eu queria ouvir sua voz; afinal, é minha mãe. Também desejava obter informações sobre meus familiares, incluindo minha querida avó Nourah, com quem tanto me preocupava. Com aquela chamada, eu tinha a esperança de cicatrizar a ferida da minha fuga inesperada, suscitando a satisfação e o interesse materno. Eu ansiava por notícias de Joud — minha irmã mais nova, que vi pela última vez antes de sair do hotel no Kuwait. Lembro-me de observar seu sono tranquilo, tentando eternizar seu semblante em minha mente. Eu amo demais aquela garotinha. Minha mãe atendeu a ligação e, assim que ouviu minha voz, começou a gritar, xingando e culpando minhas amigas por terem me corrompido com suas ideias absurdas. Ela exigiu que eu fosse imediatamente à embaixada saudita, para me entregar e implorar que me levassem de volta. Expliquei que morar no Canadá era uma escolha minha, evidenciando o quanto estava feliz e pedindo que me contasse as novidades. Minha mãe desligou e me enviou um áudio de Joud chorando e dizendo: "Eu te amo, Rahaf." Ela sabe que aquela menininha é meu ponto fraco; a estratégia era usar suas lágrimas para me convencer a retornar a um país que, provavelmente, me assassinaria antes que eu pudesse consolar minha irmã. Depois desse episódio, sucumbi a um pranto amargurado, aflita com a possibilidade de se aproveitarem de Joud para me persuadir. Eu havia descoberto o alto preço da liberdade, mas também sua capacidade de empoderamento. Enxuguei o rosto e deletei o número da minha mãe.

Naquele mesmo mês, minha namorada viajou da Arábia Saudita até Toronto e conseguimos nos reencontrar. Era como o final feliz de um romance iniciado em meio ao caos, nos confins de um país que assassinaria duas garotas por ter um relacionamento lésbico. Vivenciar a liberdade de estar com ela, caminhando de mãos dadas nas ruas, parecia um sonho que havia se tornado realidade. No começo, eu sentia uma alegria estonteante, pois era exatamente a vida almejada. Até planejamos nos casar, mas, então, com o passar do tempo, a relação esfriou, a paixão esmoreceu e nosso caso de amor se transformou em amizade. No final de maio, terminamos e, apesar de tentarmos reatar durante o verão, assim como muitos casais, acabou não dando certo. Em outubro, nos separamos de novo, mas continuamos amigas — parceiras em uma jornada extraordinária.

Em julho, quando finalmente consegui me recuperar da reação severa de minha mãe ao telefone, decidi ligar para o meu pai na esperança de falar com Joud. Ele parecia desinteressado e não fez nenhuma pergunta sobre como eu estava ou onde morava, preocupações que se espera de um pai em relação à filha, mesmo que ela seja uma rebelde. Em vez disso, foi curto e grosso: "Joud está dormindo." E desligou. Alguns meses depois, tentei novamente, pois fiquei sabendo por uma amiga que Joud, na época com doze anos, se casaria. Essa amiga não conhecia o noivo (fiquei imaginando um velho com minha querida irmãzinha), mas disse que todo mundo estava comentando e supondo que o objetivo era impedir uma fuga como a minha. Meu pai apenas inventou desculpas e não compartilhou qualquer informação, o que me fez concluir que minha amiga tinha razão sobre o casamento iminente. A notícia também desencadeou uma enorme onda de nostalgia, reavivando memórias da última vez que vi minhas irmãs: Lamia vestindo-se de modo simples e deselegante apenas para agradar o marido, sendo que antes costumava se esforçar para adicionar um pouco de estilo às roupas exigidas pelo código de vestimenta; Reem perdendo o rumo como se tivesse deixado seu potencial no hospital psiquiátrico ou o perdido em meio à névoa de medicamentos que tomava; e agora Joud, aquela menininha delicada que me amava e me considerava sua corajosa irmã mais velha. Ela estava sendo punida com um casamento forçado por minha causa? Esses pensamentos dolorosos me compeliram a reavaliar as decisões que tomei. Por alguns instantes, me perguntei se deveria voltar e enfrentar as consequências para, pelo menos, ter uma chance de rever minhas irmãs, para, pelo menos, ter uma chance de poupar Joud do destino terrível que a aguardava.

No outono de 2019, telefonei para Mutlaq, meu irmão mais velho, pois ainda ansiava por notícias. Ele foi mais simpático do que o esperado, fez algumas perguntas e, de repente, declarou com excessiva rispidez: "Nunca mais volte." Perguntei se meu irmão sabia o que aconteceria caso eu retornasse, mas sua única resposta foi: "Esqueça a família. Continue sua nova vida no Canadá."

Em fevereiro de 2020, liguei para Mutlaq novamente, em busca de informações sobre Joud, mamãe Nourah e o restante da família, mas nossa conversa acabou se desviando para outros assuntos que eu queria compartilhar — assuntos sobre os quais ele não queria saber. Contei ao meu irmão que, na época da faculdade, fui estuprada no banco de trás de um táxi e que o monstro sabia muito bem que sairia impune, pois eu seria considerada culpada de manchar a honra da família, que precisaria me matar para restaurar sua reputação. Perguntei a Mutlaq como era possível uma sociedade admitir tamanha crueldade. Sendo um homem saudita, é claro que ele respondeu que, se eu tivesse ficado em casa, nada disso teria acontecido. Então, decidi revelar um dos muitos segredos que envolviam a tal segurança de nosso lar: antes da minha partida, seu amigo me assediou e tentou transar comigo durante meses. Aparentemente, era mais do que meu inflexível irmão fanaticamente religioso podia aguentar. Sem dizer uma palavra, ele desligou e bloqueou meu número para que eu nunca mais o contatasse.

Passei a depender das redes sociais para obter notícias. Certamente alguém postaria algo se mamãe Nourah morresse ou Joud se casasse. No início do verão de 2020, descobri que Mutlaq está casado, embora eu desconheça a esposa, e que Majed mudou de cidade. Isso é tudo que sei, mas continuo a pensar em minha família e a acessar os vários aplicativos do Reino, sempre me deparando com matérias sobre a minha história. Os depreciadores, como os chamo, ainda fazem publicações horríveis sobre mim — em sua maioria, com informações falsas e incitação à minha morte por enforcamento.

Porém, essas plataformas também me possibilitam acompanhar o andamento dos protestos na Arábia Saudita. Por exemplo, mais ou menos na mesma época em que cheguei ao Canadá, o Conselho Shura (órgão legislativo que aconselha o rei) proibiu o casamento com menores de dezoito, mas fez uma ressalva: casar-se com garotas entre quinze e dezoito anos seria permitido, desde que houvesse homologação judicial. Felizmente, em 2020, sucedeu-se um progresso: os tribunais proibiram de vez qualquer casamento com menores de dezoito anos. Eu esperava que, assim, Joud estivesse a salvo.

No entanto, qualquer expectativa de incentivo aos direitos femininos na Arábia Saudita logo caiu por terra. Muitas das mudanças — a lei do casamento infantil, por exemplo — eram mais aparência do que realidade. O diretor-adjunto da Human Rights Watch no Oriente Médio postou um comentário no blog da organização: "A busca corajosa de Rahaf Mohammed pela liberdade expôs uma série de políticas e práticas discriminatórias que enfraquecem as mulheres sauditas, deixando-as vulneráveis a abusos."[29] E acrescentou: "O príncipe herdeiro Muhammad bin Salman quer ser visto como um reformador dos direitos femininos, mas Rahaf evidenciou o quão ridiculamente contraditória é essa pretensão em um país que persegue fugitivas e tortura ativistas nas prisões." Infelizmente, eu sabia que essas palavras eram verdadeiras. Organizações de direitos humanos constataram que algumas das ativistas presas foram eletrocutadas, chicoteadas, estupradas e espancadas.

No Reino, novas regras entraram em vigor. Nada demais, apesar de representarem um ligeiro avanço: as mulheres agora podem abrir um negócio sem a permissão do marido; as mães podem manter a guarda dos filhos após a separação; e uma mulher foi nomeada chefe da bolsa de valores. Entretanto, sem o consentimento de um responsável, ainda é inexistente a liberdade feminina para viajar ao exterior, pedir divórcio, legitimar um casamento e solicitar documentos, como um passaporte.

As medidas drásticas de minha fuga ainda acarretam riscos e consequências. A tão sonhada liberdade é ameaçada sempre que meu nome ganha destaque e as pessoas reconhecem meu rosto. O conflito entre a nova e a antiga Rahaf é constante. Mesmo após esse tempo todo, a opressão das regras e dos costumes sauditas irrompe em minha mente como trovões que anunciam uma tempestade. Mas também me sinto satisfatoriamente livre — com a certeza de que ninguém pode me impedir.

A intenção deste livro é alertar o mundo sobre os fatos da vida de uma garota saudita e, principalmente, enviar uma mensagem de esperança a todas as mulheres que tiveram experiências semelhantes à minha. Muitas delas trocaram os vínculos, a familiaridade e até certa garantia, embora atrelados a abusos, por incertezas, dificuldades financeiras e perigos potenciais de rejeição e deportação. Aquelas que conseguiram chegar em segurança a outro país ainda dependem da rede que auxiliou sua fuga — as pessoas que apoiam umas às outras e se tornaram uma família durante o suplício agravado pelo medo, pela solidão e pelos dilemas de construir um novo lar.

Uma de minhas promessas é usar a liberdade recém-adquirida para promover os direitos femininos na Arábia Saudita e incentivar o fim do sistema de tutela imposto pelo regime. Certamente, haverá um aumento no número de mulheres que conseguem fugir do governo saudita e dos abusos sofridos, sobretudo porque o sistema atual nem sempre é capaz de detê-las. Sei que, enquanto escrevo estas palavras, há mulheres utilizando um código secreto para se conectar à internet e descobrir meios de escapar do sofrimento que as aflige. Espero que este livro fortaleça sua coragem e seu desejo de serem livres. Também espero que este relato impacte as leis sauditas, se tornando um agente de mudanças, e não apenas a história de uma fugitiva.

Abdicar da minha família foi um dos requisitos para conquistar a liberdade. Morar no Canadá me traz uma maior segurança que, ao mesmo tempo, é abalada sempre que alguém

REBELDIA

reconhece meu rosto ou comenta sobre minha fuga. Mas quem está totalmente seguro? Apesar de difícil, minha jornada tem me possibilitado crescimento, aprendizado e realização de sonhos. Algum dia voltarei para a Arábia Saudita? Considerei essa possibilidade ao temer por minha irmã mais nova, mas a descartei, pois pretendo me formar na universidade, me tornar atriz e ajudar refugiadas a se estabelecerem. Esses são meus objetivos. Já consegui o necessário para alcançá-los: sou livre.

Uma carta para minhas irmãs que precisam escapar de suas vidas

Vocês não estão sozinhas. Minha experiência é semelhante à de muitas meninas e mulheres que sofrem injustiças, abusos e violação dos direitos femininos. Fui espancada, ameaçada, estuprada e perseguida como criminosa por minha família e pelo governo da Arábia Saudita. Assim como tantas garotas que estão presas nas jaulas da opressão, fui acometida por uma depressão severa e perdi toda a esperança, chegando a cogitar o suicídio. Só consegui me recuperar pois encontrei o caminho para uma vida digna, que possibilitaria a realização dos meus sonhos. Deixei tudo para trás, incluindo minha amada família e minha cultura, pois acredito que mereço uma vida melhor do que aquela que me era imposta.

Vocês também merecem a liberdade. Vocês têm o direito de dizer não. Vocês têm o direito de dizer sim. Não permitam que outra pessoa defina seus direitos. Sigam seus sonhos e se esforcem para mudar tudo o que as impede. Eu desisti duas vezes, pensando que deveria ceder à minha família e abdicar da esperança de ser livre. Mas, então, reuni coragem e voltei a lutar — lutei contra as regras terríveis, contra as suposições humilhantes sobre meninas e mulheres e contra meu medo de resistir. Vocês também precisam lutar. Seu lugar não é no fogão e nem na cama. Vocês são seres humanos preciosos e merecem um futuro brilhante que proporcione trabalho, lazer e felicidade.

Sempre existirão pessoas que me amaldiçoarão e me xingarão por ter escolhido meu estilo de vida e sobrepujado as restrições árabes e islâmicas. Já enfrentei muitas críticas e comentários ofensivos apenas porque decidi ser "eu", em vez da esperada mulher submissa, calada e invisível.

Meu conselho para cada uma de vocês é o seguinte: acredite em si mesma, seja corajosa, não espere que alguém a ajude, a liberte, a faça feliz. Você pode alcançar tudo isso por conta própria. Enquanto escrevo esta carta, reflito sobre o tempo que passou desde que fugi. Naquela época, fracassei e cometi erros, mas me levantei novamente, aprendi e amadureci. Hoje, posso dizer que nunca estive tão bem psicológica e fisicamente; a satisfação e a segurança que sinto são absolutamente inéditas. Minha luta pela liberdade valeu a pena.

Lembrem-se: nada é impossível; tudo merece uma tentativa. Sou prova viva. Lutei contra o governo e até mesmo contra as autoridades em um aeroporto estrangeiro; lutei contra a minha família e a minha tribo; lutei contra todos que tentaram impedir meu caminho para a liberdade. E aqui estou.

Muitas mulheres escaparam; muitas outras tentaram, mas não conseguiram se esquivar das amarras de um governo que desrespeita as leis internacionais e as normas de direitos humanos. Não estou encorajando-as a arriscar suas vidas, que é o que acontece quando partimos, mas, sim, a contestar o governo, o sistema de tutela e a polícia religiosa. Caso não funcione, apenas sugiro: FUJAM.

NOTAS

1. Xanthe Ackerman e Christina Asquith, "Women Haven't Really Won in Saudi Arabia — Yet", Time, 15 de dezembro de 2015, https://time.com/4149557/saudi-arabia-elections-women-vote/.

2. Lizzie Dearden, "Saudi Arabia's Highest Islamic Cleric 'Bans' Chess, Claims Game Spreads 'Enmity and Hatred'", *Independent*, 21 de janeiro de 2016, https://www.independent.co.uk/news/world/middle-east/saudi-arabia-s-highest-cleric-bans-chess-and-claims-game-spreads-enmity-and-hatred-a6825426.html.

3. Ahmad, Razak, "Malaysia's Obedient Wives Club Angers Women's Rights Groups", Reuters, 5 de junho de 2011, http://blogs.reuters.com/faithworld/2011/06/05/malaysias-obedient-wives-club-angers-womens-rights-groups/.

RAHAF MOHAMMED

4. Sebastian Usher, "'End of Virginity' if Women Drive, Saudi Cleric Warns", BBC News, 2 de dezembro de 2011, https://www.bbc.com/news/world-middle-east-16011926.

5. "'Crazy Women' Angered by Polygamy Are Sinners, Says Saudi Cleric", The New Arab, 7 de outubro de 2018, https://english.alaraby.co.uk/english/blog/2018/10/7/crazy-women-angered-by-polygamy-are-sinners-saudi-cleric.

6. **Trechos do livro** *The Absent Truth* (Cairo: Dar Al-Fikr li-l--Dirasat, 1980). "A Verdade Ausente", em tradução livre. Sem publicação no Brasil.

7. **Trechos do livro** *The Hidden Face of Eve: Women in the Arab World*, de Nawal El Saadawi (Londres: Zed Books, 1980). Publicado no Brasil com o título *A Face Oculta de Eva: As mulheres do mundo árabe.*

8. Mazin Sidahmed, "Thousands of Saudis Sign Petition to End Male Guardianship of Women", 26 de setembro de 2016, https://www.theguardian.com/world/2016/sep/26/saudi-arabia-protest-petition-end-guardianship-law-women.

9. Para maiores informações, veja Constance L. Hays, "Mohammed of Saudi Arabia Dies: Warrior and King Maker was 80", *The New York Times*, 26 de novembro de 1988, https://www.nytimes.com/1988/11/26/obituaries/mohammed-of-saudi-arabia-dies-warrior-and-king-maker-was-80.html.

10. Tristan Hopper, "What Did Raif Badawi Write to Get Saudi Arabia So Angry?", *National Post*, 16 de agosto de 2018, https://nationalpost.com/news/canada/what-did-raif-badawi-write-to-get-saudi-arabia-so-angry.

11. A declaração da princesa Reema bint Bandar foi retirada de Alicia Buller, "It's Time to Focus on Saudi Women's Capabilities, Not Their Clothes", *Arab News*, 9 de março de 2018, https://www.arabnews.com/node/1262466/saudi-arabia.

12. A postagem de Dina Ali foi retirada de "Save Dina Ali: Saudi Woman Seeking Asylum in Australia 'Forcibly' Put on Plane and Sent Home", *India Today*, 15 de abril de 2017, https://www.indiatoday.in/fyi/story/save-dina-ali-saudi-woman-seeking-asylum-australia-sent-home-971597-2017-04-15.

13. Mona Eltahawy (@monaeltahawy), Twitter, 7 de janeiro de 2019, https://twitter.com/monaeltahawy/status/1082198562274971648.

14. Phil Robertson (@Reaproy), Twitter, 26 de janeiro de 2019, https://twitter.com/Reaproy/status/1081811017007394823.

15. Sophie McNeill, *We Can't Say We Didn't Know: Dispatches from an Age of Impunity* (Sydney: ABC Books, 2020), capítulo 19, páginas 305–340. Trecho de "When a Saudi Teen Fled the Repressive Regime, Journalist Sophie McNeill Stood by Her", *Australian Women's Weekly*, 26 de março de 2020, https://www.pressreader.com/australia/the-australian-womens-weekly/20200326/281595242607826.

16. "UNHCR Statement on the Situation of Rahaf Mohammed Al-Qunun at Bangkok Airport", ACNUR, 7 de janeiro de 2019, https://www.unhcr.org/news/press/2019/1/5c333ed74/unhcr-statement-situation-rahaf-mohammed-al-qunun-bangkok-airport.html.

17. *We Can't Say We Didn't Know: Dispatches from an Age of Impunity*, de Sophie McNeill (Sydney: ABC Books, 2020), capítulo 19, páginas 305–340. Trecho de "When a Saudi Teen Fled the Repressive Regime, Journalist Sophie McNeill Stood by Her", *Australian Women's Weekly*, 26 de março de 2020, https://www.pressreader.com/australia/the-australian-womens-weekly/20200326/281595242607826.

18. MME e agências, Middle East Eye, "Saudi Teen Fleeing Family Now 'In a Secure Place,' UN Refugee Agency Says," 7 de janeiro de 2019, https://www.middleeasteye.net/news/saudi-teen-fleeing-family-now-secure-place-un-refugee-agency-says.

19. ACNUR, publicação no Twitter, 7 de janeiro de 2019, 8h05, https://twitter.com/refugees/status/1082261885683142661.

20. UNHCR Investigates Rahaf al-Qunun's Case for Asylum", *Aljazeera*, 8 de janeiro de 2019, https://www.aljazeera.com/news/2019/1/8/unhcr-investigates-rahaf-al-qununs-case-for-asylum.

21. "Rahaf al-Qunun: UN 'considers Saudi woman a refugee'", *BBC News*, 9 de janeiro de 2019, https://www.bbc.com/news/world-australia-46806485.

22. Patpicha Tanakasempipat e Panu Wongcha-um, "#SafeRahaf: Activists' Lightning Campaign Made Saudi Teen's Flight a Global Cause", Reuters, 8 de janeiro de 2019, https://www.reuters.com/article/us-thailand-saudi-campaign/saverahaf-activists-lightning-campaign-made-saudi-teens-flight-a-global-cause-idUSKCN1P21CU.

23. Rahaf Mohammed (@rahaf84427714), Twitter, 8 de janeiro de 2019, 9h12, https://twitter.com/rahaf84427714/status/1082641243690156032. Video original extraído de @djboych9.

24. "Marise Payne Declines to Put Timeframe on Saudi Teen Rahaf Alqunun's Asylum Claim", ABC News, 10 de janeiro de 2019, https://www.abc.net.au/news/2019-01-10/marise-payne-declines-to-put-timeframe-on-rahaf-algunun-asylum/10706576.

25. Robert Fife, "Saudi Refugee Who Fled to Thailand to Escape Family Is Headed to Canada", *Globe and Mail*, 11 de janeiro de 2019, https://www.theglobeandmail.com/politics/article-saudi-refugee-in-thailand-headed-to-canada/.

26. "Saudi Woman Arrives in Canada After Gaining Asylum," CityNews [video clip], 12 de janeiro de 2019, https://toronto. citynews.ca/2019/01/12/saudi-woman-arriving-toronto/.

27. "'A Brave New Canadian': Freeland Welcomes Saudi Teen Granted Asylum after Fleeing Family", *National Post*, 13 de janeiro de 2019, https://nationalpost.com/news/canada/new-salert-teen-refugee-fleeing-saudi-arabia-arrives-in-toronto.

28. Sophie McNeill, "Rahaf al Qunun Pledges to Use Her Freedom to Campaign for Others after Being Granted Asylum in Canada", ABC News, 14 de janeiro de 2019, https://www. abc.net.au/news/2019-01-15/rahaf-alqunun-speaks-first-time-from-canada-asylum/10716182.

29. "Saudi Arabia: 10 Reasons Why Women Flee", Human Rights Watch, 30 de janeiro de 2019, https://www.hrw.org/news/2019/01/30/saudi-arabia-10-reasons-why-women-flee#.

Projetos corporativos e edições personalizadas
dentro da sua estratégia de negócio. Já pensou nisso?

CONHEÇA OUTROS LIVROS DA **ALTA BOOKS**

Todas as imagens são meramente ilustrativas.

Coordenação de Eventos
Viviane Paiva
viviane@altabooks.com.br

Assistente Comercial
Fillipe Amorim
vendas.corporativas@altabooks.com.br

A Alta Books tem criado experiências incríveis no meio corporativo. Com a crescente implementação da educação corporativa nas empresas, o livro entra como uma importante fonte de conhecimento. Com atendimento personalizado, conseguimos identificar as principais necessidades, e criar uma seleção de livros que podem ser utilizados de diversas maneiras, como por exemplo, para fortalecer relacionamento com suas equipes/ seus clientes. Você já utilizou o livro para alguma ação estratégica na sua empresa?

Entre em contato com nosso time para entender melhor as possibilidades de personalização e incentivo ao desenvolvimento pessoal e profissional.

PUBLIQUE **SEU LIVRO**

Publique seu livro com a Alta Books. Para mais informações envie um e-mail para: autoria@altabooks.com.br

 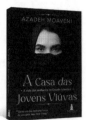

/altabooks   /alta-books   /altabooks   /altabooks

Este livro foi impresso nas oficinas gráficas da Editora Vozes Ltda.,
Rua Frei Luís, 100 – Petrópolis, RJ.